CORRUPCIÓN Y DEMOCRACIA EN AMÉRICA LATINA

THE DEMOCRACY PAPERS
No. 11

Panel sobre la corrupción y la democracia

en Argentina, Panamá, Bolivia, Ecuador y Venezuela.

Septiembre, 2014

InterAmerican Institute for Democracy

ISBN: 978-1533239235

Design by: Pablo Brouwer
www.alexlib.com

Fondo Editorial del
InterAmerican Institute for Democracy
4141 N. Miami Ave. Ste. 211,
Miami, FL 33127, U.S.A.
www.intdemocratic.org
Email: IID@intdemocratic.org
Fax: 786-507-5214
Tel: 786-507-5218

INTERAMERICAN INSTITUTE FOR DEMOCRACY
AMERICANS FORUM - DIARIO LAS AMERICAS

Cordially Invite you to a Policy Discussion

"Corruption and Democracy in Latin America"

September 9th 2014 - 9:00 am to 1:00 pm

Cannon House Office Building, Cannon Caucus Room 345

Washington, DC

PROGRAM

8:30 am - Registration

9:00 am - Opening Remarks

Guillermo Lousteau, President INTERAMERICAN INSTITUTE FOR
DEMOCRACY

9:15 - 11:00 - First Panel: Institutional Analysis.

Moderator: Ambassador Otto J. Reich

9:15 - 9:40 - The concept of corruption: César Vidal

9:40 - 10:00 - The struggle against corruption: Alberto Precht

10:00 - 10:20 - Inter-American Convention Against Corruption: Carlos
Manfroni

10:20 - 10:40 - Democracy, dictatorship, and corruption: Carlos Sánchez
Berzaín

10:40 - 11:00 - Questions and answers

11:00 - 12:45 - Second Panel: Corruption Cases

Moderator: Ambassador Eduardo Vallerino

11:00 - 11:15 - Argentina: Dr. Juan José Campagnoli

11:20 - 11:35 - Bolivia: Dr. Jorge Valda Daza

11:35 - 11:50 - Ecuador: Dr. Jorge Zavala Egas

11:50 - 12:05 - Venezuela: Dr. Román Duque Corredor

12:05 - 12:20 - Questions and answers

12:30 pm - Closing Remarks

Hon. ILEANA ROS-LEHTINEN

Honorary Chairman Committee on Foreign Affairs

US House of Representatives

Registration begins at 8:30 am. Continental breakfast will be served.

Simultaneous translation

CONTENIDO

PRESENTACIÓN

Guillermo Lousteau, Presidente
del *Intermerican Institute for Democracy*

El InterAmerican Institute for Democracy fue creado en el año 2006, con el propósito de promover los valores de la libertad y la instituciones democráticas en América Latina.

Entre sus actividades regulares, se encuentra la presentación de foros y paneles en diferentes ámbitos.

En este mismo escenario, el del Senado de los Estados Unidos, hemos presentado ya cuatro paneles sobre la situación de América Latina.

El primero, en 2011 estuvo abocado al tema de la existencia de gobiernos democráticos y gobiernos autoritarios. El 2012 el tema fue la denuncia del ataque a la prensa, y el del año 2013, estuvo dedicado al uso político de la justicia en la región. Finalmente, en mayo de este año, nos enfocamos específicamente en la falta de instituciones democráticas en Ecuador.

Este foro de hoy se centra en la corrupción y su incompatibilidad con la democracia.

La corrupción es un problema endémico y generalizado en América Latina, aunque la situación no sea homogénea. Existen países con alto nivel de corrupción, pero donde todavía las instituciones democráticas están vigentes, especialmente la independencia judicial y la libertad de prensa, como los casos de Panamá y Costa Rica.

Y existen también, un grupo de países, de los cuales tratará este foro, que presentan características más dramáticas. Quiero referirme precisamente a esas características que se dan en Venezuela, Argentina, Bolivia, y Ecuador y en las habría que incluir, seguramente, a Nicaragua.

Paradójicamente, todos sus gobernantes han tomado como parte de sus banderas electorales, la lucha contra la corrupción de gobiernos anteriores, y sin embargo, Hugo Chávez, Evo Morales, Rafael Correa y los Kirchner se han transformado en modelos de corrupción rampante, como los describió Vargas Llosa.

Esta foro está constituido por dos paneles: el primero está dedicado a los aspectos institucionales de la corrupción y en el segundo panel, se expondrán los casos concretos de corrupción en Argentina, Bolivia, Ecuador y Venezuela.

Antes de dar paso al primer panel, quisiera hacer algunas reflexiones sobre el tema.

La primera reflexión es sobre la necesidad de relacionar el fenómeno de la corrupción con el sistema institucional vigente en cada país y con el respeto y debido funcionamiento de los elementos funcionales de la democracia, Me refiero a la separación de poderes, a la independencia del poder judicial y al ejercicio pleno de la libertad de prensa. Sin los controles horizontales que ejercen recíprocamente entre sí los poderes del Estado, sin una justicia plena e independiente y sin una prensa responsable y efectiva, la corrupción tiene asegurada su impunidad. Corrupción e impunidad son dos cosas que van íntimamente unidas. Los ejemplos más escandalosos de corrupción se dan precisamente donde los gobiernos, aun elegidos popularmente, han destruido el sistema republicano de gobierno, donde las denuncias de la prensa son acalladas, y la justicia no se encuentra en condiciones de actuar.

La mejor prueba de esto es que las mediciones entre la calidad de las instituciones de cada país y los índices de corrupción muestran una estrecha correlación. A más nivel de corrupción, menor calidad institucional, y viceversa.

Una segunda característica está dada por la modalidad que la corrupción ha adoptado en estos tiempos, y su marcada generalización: ya no se trata de las acciones de algunos funcionarios aislados, como meros hechos de corrupción, sino que estamos padeciendo un estado permanente y generalizado de corrupción que se ha hecho sistémico. Existe como una forma mucho más grave, como en una confusión entre las finanzas públicas y las finanzas privadas de los funcionarios. Ya no es un funcionario el que roba, sino que es el gobierno mismo el que funciona con un esquema delictivo. Enfrentamos regímenes de gobierno al que se los puede calificar legítimamente como "cleptocracias".

Las denuncias por corrupción en cada uno de esos países alcanzan y comprenden a una gran cantidad de funcionarios, en diferentes niveles, lo que significa que más que un hecho aislado es el sistema mismo el que es corrupto.

El nivel de corrupción actual es el tercer elemento a destacar como propio de esta corrupción. La situación actual muestra un salto con respecto a las formas anteriores, salto que no es solo cuantitativo, sino también cualitativo, porque se trata de un fenómeno sustancialmente distinto. No se trata ya de las formas penales usuales, como lo eran el cohecho, el tráfico de influencias o la malversación de caudales públicos. Lejos de esos actos clásicos de corrupción, las sociedades latinoamericanas son víctimas de un proceso de saqueo nacional, de una expoliación, un acto de depredación de la riqueza nacional. Se trataba antes de hechos de exacción a las empresas: se trata ahora de quedarse con las empresas, ya sea directamente, a través de testaferros o de empresarios amigos del gobierno. Empresas propias que se enriquecen a través de la obra pública fraudulenta, o medios de comunicación apropiados y que se financian con la publicidad oficial.

Todavía hace falta desarrollar el concepto der corrupción. Lo que hoy está penado por la ley, son solo figuras delictivas que, dada la necesidad de tipificación que requieren los códigos penales, no son suficiente para perseguir hechos de corrupción bajo las formas actuales. El uso discriminado de la publicidad oficial, las empresas oficiales manejadas con altos déficits y sin normas contables, las contrataciones privadas realizadas con funcionarios públicos no siempre caen bajo la tipificación penal y no cabe duda que constituyen ejemplos claros de corrupción.

Bajo estas características, es imprescindible afirmar que la corrupción no es un problema de moral individual. Ni una cosa ni la otra. La moral está constituida por normas de conducta más allá de lo que determina la ley. Cuando la conducta está legalmente permitida, recién se puede plantear allí el dilema meramente moral. Pero si las acciones ejecutadas o a ejecutar son ilícitas, el problema no es moral. Es delictivo.

Tampoco puede ya ser considerado como un problema individual. Su forma generalizada y sistematizada constituye un problema político, que afecta a la estructura misma de la sociedad y de su gobierno, con consecuencias gravísimas que no pueden evadirse.

Con este esquema de corrupción sistémica, las consecuencias son mucho más graves. Cuando la corrupción está tan difundida, perjudica las relaciones personales, sociales y económicas, y las posibilidades de desarrollo del país. Una sociedad percibida como corrupta sólo es atractiva para intereses espurios, pero no para relaciones económicas, comerciales y financieras sanas, tanto en el orden interno como en el orden internacional. Las consecuencias de esta corrupción masiva necesariamente destruye las posibilidades de desarrollo personal y colectivo. Es imposible atraer inversiones en un país cuya administración es corrupta y donde las garantías no tienen validez alguna y en las cuales abundan políticas de subsidios y regulaciones que son las puertas abiertas donde se filtran los actos de corrupción.

El grado o nivel de corrupción actual, su generalización y la impunidad de que goza, termina de producir una insensibilidad en la ciudadanía y retrocede la capacidad de reacción, como una especie de acostumbramiento, resignación e impotencia. En las encuestas realizadas en la región, tanto globales como nacionales, la corrupción —a pesar de ser claramente percibida— no se encuentra entre los temas prioritarios, sino a partir de un cuarto o quinto puesto, y siempre y cuando el tema se proponga en la encuesta. Casi nunca se menciona por iniciativa del encuestado.

Si bien la corrupción involucra a la sociedad en general, cuya sensibilidad al tema es baja y no existe la condena social a quienes la fomentan desde diferentes sectores, la responsabilidad mayor le corresponde a la clase política. Si a la percepción social y ciudadana sobre los políticos, su eficacia y honestidad, se los percibe además como naturalmente corruptos, este hecho será decisivo para alejar definitivamente a los ciudadanos de la actividad política. De esa manera se cerraría el círculo vicioso que permite a los corruptos hacerse del poder por omisión.

No es este un efecto menor que afecta a la democracia.

Mark Wolf, un ex juez y funcionario del Departamento de Estado americano, acaba de proponer la creación de una "Corte Internacional contra la Corrupción", proposición publicada en la web del *Brooking Institute.*

Las razones que justificarían esta creación es que muchos gobiernos han creado una cultura de la impunidad, en la que no existe la voluntad ni la capacidad de investigar, procesar o castigar la corrupción, porque el corrupto es el gobierno mismo. Aunque pueda ser discutible la iniciativa o los resultados que puedan lograrse, la importancia de la propuesta, es afirmar el principio de que cuando los gobiernos no quieren o no pueden investigar por sí mismos, la comunidad internacional debería hacer lo mismo para procesar la corrupción de alto nivel que permanece impune.

Es imprescindible que enfrentemos a la corrupción con una nueva idea. No podemos seguir pensando en ella con un planteo de moral individual. En la forma en que hoy se da, estamos enfrentando a un problema que es esencialmente político, que corrompe a la sociedad entera, y que afecta a los términos de su supervivencia. Solo así podríamos tener alguna perspectiva de éxito.

La situación Argentina

Guillermo Lousteau

Si el fiscal Campagnoli hubiera podido acompañarnos, seguramente podría haber descripto dos cosas: por un lado, la tarea que llevaba a cabo como fiscal, y por el otro, el acoso por parte del gobierno para separarlo de dicha investigación.

Campagnoli investigaba a Lázaro Báez, un empresario cercano al poder, por extorsión y lavado de dinero, en un proceso en el que actualmente también actúa un juez del Estado de Nevada, Cam Ferenbach. Ferenbach ha requerido información a 123 empresas atribuidas a Báez y asentadas en paraísos fiscales, a ser suministrada en un plazo que vence esta semana. En forma paralela, también la justicia de Suiza ha pedido colaboración a la justicia argentina en la misma causa y ha embargado fondos sospechosos, depositados en ese país.

En el curso de las investigaciones de Campagnoli, surgen de escuchas telefónicas judicialmente autorizadas, conversaciones donde un hermano de la Ministro de Seguridad, María Cecilia Rodríguez manifestaba tener 300 millones de dólares de Lázaro Báez para lavar.

Pocos días después, en noviembre del 2013, la Procuradora General de la Nación, superior de Campagnoli, dispuso el cese de éste por "una reestructuración general", que no alcanzó a ninguna otra dependencia. Al pedir la reconsideración de la medida, Campagnoli afirmaba que el real fundamento de su apartamiento de la fiscalía era, precisamente, el trámite mismo de la causa que involucraba a Baéz.

Un Consejo Evaluador designado por la Procurado general se expidió a favor del *Jury* y la suspensión de Campagnoli, sin que se hicieran públicas la existencia de dictamen, la integración del Consejo ni las conclusiones, cercenando todo derecho de defensa.

Iniciado el proceso ante el Consejo de la Magistratura, la mayoría kirchnerista, no pudo sin embargo aprobar la destitución y Campagnoli debió ser restituido en su cargo, aun cuando sin los medios necesarios para continuar y desarrollar su función.

Para lograr ese resultado, fueron esenciales las demostraciones institucionales y populares, el reconocimiento público y las distinciones registradas a favor del Fiscal.

Sin embargo, y tal como destaca la nota recibida de Campagnoli, existe todavía la posibilidad de continuidad de la instancia de enjuiciamiento, que recién caducará a fines de octubre, razón por la cual no puede ausentarse del país.

Pero su caso pone de manifiesto dos temas que caracterizan al gobierno de Cristina Kirchner: la corrupción y el uso de la justicia para fines políticos de persecución y amedrentamiento, y paralelamente garantizar la impunidad.

En ausencia del Fiscal, voy a tratar de dar un panorama de la situación de la Argentina en materia de corrupción.

Los síntomas de corrupción del gobierno fueron tempranamente percibidos por otros países y señalados por embajadores extranjeros, que alertaron a sus gobiernos sobre hechos notorios de corrupción.

Sucesivos embajadores americanos, entre ellos Terence Todman, Anthony Wayne, y los de Suecia, Francia y España, manifestaron a sus gobiernos que el gobierno de Néstor Kirchner superaba en niveles de corrupción al de Carlos Menem y denunciaron ante el gobierno argentino, la existencia de pedidos de coimas por parte de funcionarios argentinos a empresas extranjeras, sin resultado alguno.

A la fecha, se llevan publicados más de 20 libros de investigación periodística, sobre la corrupción de los Kirchner y sus funcionarios y los principales diarios de Argentina tienen columnistas especializados y dedicados a rastrear los hechos de corrupción.

El fenómeno de la corrupción implica un sistema generalizado que incluye a decenas de funcionarios y empresarios amigos del gobierno, reflejado en cientos de denuncias, y que es imposible que hayan pasado inadvertidos para Néstor y Cristina. Por el contrario, la protección con que cuentan esos funcionarios es la prueba más contundente del apoyo que reciben.

Es imposible una descripción exhaustiva de los hechos de corrupción ya oficialmente denunciados en el país.

Me limitaré a dar algunos ejemplos de casos notorios y hechos emblemáticos.

A tiempo de asumir Néstor Kirchner, su ministro de Economía, Roberto Lavagna puso en su conocimiento diversos comentarios que señalaban a Ministro Julio De Vido como partícipe de hechos de corrupción. A los pocos días, Lavagna debió dejar su Ministerio

La Ministro de Economía que lo sucedió, Felisa Miceli ha sido ya condenada por la justicia por no poder justificar la existencia de 64.000 dólares encontrados en su despacho y haber brindado varias explicaciones que resultaron ser falsas. Cuando conoció la condena, Miceli afirmó que *"otros funcionarios de la administración han estado implicados en peores escándalos".* A pesar de la condena ha seguido laboralmente relacionada con el gobierno y ha estado vinculada con las Madres de Plaza de Mayo, sobre las que pesa una investigación por una suma de 200 millones de dólares, sin rendir cuentas.

Ricardo Jaime, un ex Secretario de Transporte que manejaba subsidios por valor de 20,000 millones, tiene más de 15 procesos, incluyendo enriquecimiento ilícito, cohecho, destrucción de pruebas, recepción de dádivas, entre otros.

Tiene una condena en firme en uno de ellos y estamos en la antesala de una segunda condena inmediata. Según las investigaciones judiciales, los dineros productos del cohecho proveniente de subsidios irregulares y compras de material ferroviario inservible, han terminado depositados en las islas Cayman.

Jaime celebró una gran cantidad de contratos irregulares con España y Portugal, con empresas a quienes se les requería el pago como honorarios de consulta a otras compañías inexistentes y que realizaran aportes a las campañas políticas del gobierno. Entre esas empresas se encuentran Iberia, Banco de Bilbao y Vizcaya, Telefónica y el Banco Santander. En el proceso judicial se han presentado más de mil mensajes de correo electrónico probando estos hechos, pero fueron declarados inadmisibles

Nacional de Valores y el FBI investigan a Jaime y por un juez cercano al *kirchnerismo*,

Según publicaciones del 27 de agosto pasado, el Departamento de Justicia americano, investiga el pago de coimas al ministro Julio De Vido, superior de Jaime, por parte de la empresa brasilera EMBRAER por la compra de 20 aviones para Aerolíneas Argentinas.

Los acuerdos con Venezuela han sido otra fuente permanente de actividades delictivas por ambos lados, que seguramente serán analizados por el embajador Duque. En su momento, el embajador argentino ante el gobierno de Venezuela, Eduardo Sadous puso en conocimiento del presidente Kirchner que existía en funcionamiento una embajada paralela, al margen de la cancillería, por donde circulaban los negocios irregulares de un fideicomiso conjunto. La denuncia de Sadous, ratificada ante los tribunales, le ha significado el apartamiento de la carrera diplomática.

Nuevamente, aparece la figura de Julio De Vido, amigo personal de Néstor Kirchner desde la época de la gobernación de Santa Cruz y sindicado como el recolector oficial de la mayor parte de los actos de corrupción en todas las denuncias, y consignado así en los partes de las embajadas de EEUU, España y otros países de la Unión Europea.

El caso Antonini constituyó otro gran escándalo en vísperas de la asunción de Cristina Kirchner. Antonini, ciudadano venezolano, transportaba en efectivo la suma de 900.000 dólares desde Caracas a Buenos Aires, en un avión oficial. Descubierto por las autoridades aduaneros, declaró posteriormente, en un juicio celebrado en los

Estados Unidos, que ese dinero era para la campaña de Cristina Kirchner.

En un último caso, la Cámara de productores de arroz de la Argentina, ha elevado la denuncia de que el convenio celebrado entre ambos países para la compra de arroz por parte de Venezuela, se hace a través de una empresa desconocida, con un sobreprecio importante, maniobra en la que está involucrada la hija de Hugo Chávez.

Uno de los últimos escándalos sobre corrupción se refiere al comercio de efedrina en el país.

La efedrina es una sustancia usada para la elaboración de drogas y relacionada directamente con el narcotráfico. En el año 2004, el país importó 2,400 kilos para usos medicinales. Esa importación creció en el año 2007 a 20,000 kilos sin explicación. Por ese tráfico irregular de efedrina fue procesado José Granero, ex director de la Secretaría para la Prevención de la Adicción a las Drogas y la Lucha contra el Narcotráfico. En ese hecho se encuentran envueltos los Zacarías, 4 hermanos de estrecha vinculación con la presidencia de la Nación, que han mantenido y mantienen cargos oficiales en la administración. La jueza a cargo, Servini de Cubría, ha requerido información sobre 34 cruzamientos telefónicos entre los Zacarías y la casa de gobierno, en los momentos claves de la importación de efedrina y ha amenazado con allanar la casa de gobierno para obtener esa información. Augusto Abraham, el mayor importador de efedrina en el país, ha sido condenado a 11 años de prisión por desviar la efedrina al narcotráfico y la jueza investiga sus conexiones con la presidencia.

Otro juez investiga la relación de los Zacarías con un empresa de ambulancias, que tienen acceso exclusivo e irrestricto a 29 aeropuertos del país (esencial para el tráfico de la efedrina), mediante un contrato gestionado por el propio Néstor Kirchner. Todos los involucrados han sido importantes donantes para la campaña política de Cristina Kirchner.

Lázaro Báez, un oscuro empleado del Banco de Santa Cruz, que en 2003, cuando Kirchner asumió la presidencia declaraba un capital de 3,000 dólares tiene en el 2011 un patrimonio de 1.000 millones,

Báez ha sido denunciado por lavado de dinero, de acuerdo con las investigaciones de Campagnoli, de la justicia de Suiza, y del juez Ferenbach, de Nevada. Está investigado por el uso de aviones de compañías de Panamá, Bélice y otros paraísos fiscales para mover clandestinamente y lavar 55 millones de euros en efectivo, hecho confirmado por la ex-Directora de Comunicaciones presidenciales , Myriam Quiroga, quien afirmó ante el juez que bolsos llenos de dinero eran despachados semanalmente desde la residencia presidencial y devueltos a Santa Cruz. El ex gobernador de Santa Cruz, Sergio Acevedo, denunció que Báez era un testaferro del presidente Kirchner, con el cual compartía sociedades y negocios.

Con toda seguridad, sin embargo, el caso más emblemático, sea el de Amado Boudou, vicepresidente de la Nación. Boudou tiene a la fecha más de 10 juicios penales, en los cuales en dos ya está procesado como autor de tráfico de influencias, cohecho, negociaciones incompatibles con la función pública y falsificación de documento público.

Está acusado de intentar quedarse con la empresa Ciccone Calcográfica, impresora de billetes y documentos públicos, mediante maniobras extorsivas y procedimientos irregulares.

Por este delito, el viernes último, el juez incluyó como procesado a Guido Forcieri, como cómplice necesario del delito. Forcieri fue jefe de gabinete de Boudou y actualmente se desempeña como Director en el Banco Mundial en representación de Argentina, Chile y Uruguay. Boudou está denunciado, además, por enriquecimiento ilícito, conjuntamente con sus padres y su novia, que serían sus testaferros.

El pago de casi 8 millones de pesos de un gobierno provincial a una empresa vinculada a Boudou podría encubrir un supuesto pago de sobornos cuando era ministro de economía. En un caso diferente, el juez Lijo allanó una municipalidad de la costa del Mar de Tuyú, en una denuncia contra Boudou por manejo irregular de fondos en la construcción de 480 casas y dos escuelas cuando era secretario de hacienda de ese municipio.

Pese a los reclamos de la oposición para que el vicepresidente renuncie o pida licencia, Boudou apoyado por Cristina Kirchner, sigue presidiendo las sesiones del senado, la reemplaza como presidente de la Nación, en su ausencia y viaja en actos protocolares representando al país.

En materia de corrupción, todos los caminos llevan a Néstor y Cristina Kirchner. No sólo porque ninguno de estos hechos de corrupción pudieron llevarse a cabo sin su conocimiento, sino por la impunidad que ellos le garantizan a los funcionarios corruptos. El orden sistémico de la corrupción en el país responde al esquema que ya funcionaba en la provincia de Santa Cruz, gobernada por Néstor Kirchner desde 1991 hasta el 2003, año en que asume la presidencia de la nación. El caso más sobresaliente de su gestión como gobernador es la desaparición de más de 600 millones de dólares cobrado por Santa Cruz por regalías petroleras y depositados, según afirmó, en el extranjero, sin rendición de cuentas y sin que los fondos regresaran al país.

De su entorno y símbolo de la rampante corrupción, también procede de Santa Cruz Julio De Vido, el más señalado de los funcionarios *kirchnerista*s como generador de negocios sucios y fraudulentos, en función del enorme volumen de subsidios y del manejo arbitrario en las licitaciones oficiales y en plena investigación sobre enriquecimiento ilícito.

Como dato ilustrativo, vale señalar que el chofer personal de Néstor Kirchner en su época de gobernador, Rudy Ulloa, es hoy un empresario que maneja un emporio de medios de comunicación y que hasta el jardinero de los Kirchner está acusado de enriquecimiento ilícito, en este sistema generalizado de saqueo nacional.

También Báez proviene de Santa Cruz. Asociado a Kirchner en negocios inmobiliarios y otros, una de sus empresas aparece comprando grandes reservas hoteleras , que nunca usó , a la cadena hotelera de propiedad de Cristina Kirchner, por valor de varios millones.

Ese ingreso presunto ha sido usado por la pareja presidencial para intentar justificar un incremento de su patrimonio, durante sus mandatos. En el ejercicio del 2008, el incremento patrimonial de la pareja superó el 30 % anual, y según sus aclaraciones, como resultado de esos ingresos hoteleros y una insólita rentabilidad en depósitos en dólares cercanos al 20% anual. Esas declaraciones, impugnadas por el entonces fiscal Manuel Garrido, presentaba 22 inconsistencias comprobadas. El Juez Norberto Oyarbide desechó las impugnaciones y aprobó la declaración de bienes en tiempo record, pese a la opinión del cuerpo de contadores del Poder Judicial. En su reciente declaración de patrimonio, Cristina Kirchner manifiesta haber ganado en el año 2013, la suma de 7 millones, pero está objetada la forma de valuar sus bienes.

Para un análisis de la corrupción en la Argentina es imprescindible incluir el tema del manejo de la justicia por parte del *kirchnerismo*. Precisamente, por ser la corrupción generalizada y sistematizada un hecho político, y no un problema de moral individual, es imposible que exista sin un control del sistema judicial que le asegure impunidad.

Néstor Kirchner, pero mucho más aún Cristina Kirchner, han hecho un *casus belli* de su relación con el poder judicial.

La constitución de 1994 creó el Consejo de la Magistratura, encargado de la selección y remoción de los jueces, para asegurar la independencia del Poder Judicial. Con una composición inicial de 20 miembros fue reducida por el *kirchnerismo* a 13, para asegurar de esa manera que los miembros afines con el partido gobernante pudiera bloquear cualquier iniciativa referida a la justicia. Con ese sistema, el Poder Ejecutivo mantuvo el 30% de las cortes inferiores y el 20% de las cámaras de apelación en el fuero penal sin jueces independientes.

A partir del intento declarado de Cristina Kirchner de reformar el sistema judicial para "popularizarlo" que no limitara a las mayorías (rechazado por inconstitucional por la misma Corte), la presidente ha perdido su ascendiente sobre los jueces, manteniendo solo un grupo incondicional agrupado en una asociación llamada "Justicia Legítima".

Tres casos son ilustrativos del manejo de la justicia por parte de Cristina Kirchner.

El primero se refiere nuevamente a Amado Boudou. Al iniciarse la investigación judicial por los hechos atribuidos al Vicepresidente, se forzó la renuncia del Procurador General, Esteban Righi, designado —al igual que la mayoría de la Corte— por Néstor Kirchner. Simultáneamente se apartó también al juez que lo investigaba en ese momento, Daniel Rafecas.

La designación del nuevo procurador general recayó en Alejandra Gils Carbó, del grupo Justicia Legítima afín al Poder Ejecutivo.

Gils Carbó es la protagonista del segundo caso ilustrativo, porque es ella la que suspende y promueve la destitución del fiscal Campagnoli, por las investigaciones que llevaba a cabo sobre Báez y sus conexiones con el gobierno.

El tercero se refiere a Norberto Oyarbide, el juez más corrupto de la Argentina, con más de 10 pedidos de juicio político y destitución, por su performance como juez y por su vida privada. La mayoría del Consejo de la Magistratura, perteneciente al partido gobernante, fue la que lo ha protegido hasta ahora de la destitución.

Oyarbide fue el juez que rechazó en tiempo record las impugnaciones contra el incremento patrimonial del matrimonio presidencial y que sobreseyó (sin tener jurisdicción) a dos funcionarios por casos de corrupción mientras estaban enjuiciados por otro juez. Ahora, Oyarbide acaba de ser sancionado y denunciado por sus superiores, la Cámara Federal Penal, ante el consejo de la Magistratura por graves irregularidades y por una clara violación de un principio de raigambre constitucional.

Pero precisamente la situación de la justicia en Argentina y su resistencia a los embates del *kirchnerismo*, conjuntamente con la resistencia de medios de comunicación independientes, dos luchas que los Kirchner han perdido, muestran una diferencia de este país de los otros que serán expuestos aquí.

Este hecho ratifica la importancia de la defensa del sistema institucional, y permite alentar, juntamente con las posibilidades electorales del 2015, una alternativa de recuperación democrática y sin corrupción.

El concepto de corrupción

César Vidal

Buenos días. Permítanme, en primer lugar, dar las gracias al Instituto Americano para la democracia por haberme cursado la invitación para pronunciar la primera ponencia de este panel sobre la corrupción en Latinoamérica y al congreso de los Estados Unidos por darnos cabida y respaldo en este empeño. Para mí, se trata de un honor y un privilegio.

No es tarea fácil, ciertamente, perfilar el concepto de corrupción. A lo largo de los siglos ha cambiado y evolucionado de maneras no siempre uniformes. Trasladémonos a una situación acontecida hace cuatro mil años en el Antiguo Egipto. Un antiguo texto del 2000 a.de C., nos narra cómo fue robado el ganado de un campesino llamado Jun-anup. El desdichado pidió justicia a un juez llamado Rensi, pero el juez, en lugar de escuchar al campesino, optó, por orden directa del faraón, azotarlo hasta nueve veces. La razón no era otra que el deseo del faraón de divertirse escuchando las quejas de Jun-anup. Sólo cuando el monarca quedó satisfecho, ordenó al juez que hiciera justicia. Resulta obvio que el concepto de corrupción en el Antiguo Egipto estaba más vinculado a obedecer al faraón aunque esa obediencia pudiera convertirse, en un sentido muy literal, en una situación muy dolorosa para la gente que pedía justicia.

Un texto casi ocho siglos posterior —1230 a. de C.— relacionado con el dios Amón-Ra afirma que no recibía regalos de los culpables. En otras palabras, la corrupción, a esas alturas, no estaba sólo relacionada con la obediencia al faraón sino también con rechazar sobornos en favor del culpable. Se trataba de un principio.

No mucho más prometedora fue la situación en la Antigua Mesopotamia. Hammurabi, el famoso rey babilónico que legislaba siguiendo las órdenes del dios Shamash y que nos ha dejado un código de leyes conservado en la actualidad en el museo del Louvre, en París, estableció una pena para castigar al juez que alterara su sentencia. Había que multarlo, infamarlo e incluso expulsarlo, pero, de manera bastante curiosa, parece que era la única forma de soborno castigada. Para colmo, no sabemos en realidad si Hammurabi castigaba el soborno en si o la falta de constancia del juez al dictar sentencias. Muy posiblemente, el concepto de corrupción estaba más ligado a la apariencia de justicia que a la justicia misma.

También Assurbanipal, el famoso rey asirio, tuvo su propia definición de corrupción procedente del dios Shamash que castigaba a "el juez injusto... al que recibe un regalo (*tatu*) que pervierte...". En términos generales, los mesopotámicos no parecen haber sido muy estrictos con la corrupción. Por ejemplo, el archivo del templo de la Uruk neo-babilónica ha conservado numerosos documentos donde se registran casos judiciales presentados ante las autoridades del templo. La mayoría se relacionan con episodios relativamente menores de robo y corrupción.

Tomemos, por ejemplo, el caso de un personaje llamado Gimillu. Durante una veintena de años, Gimllu estuvo a cargo del ganado del templo y más adelante se ocupó de los ingresos que procedían de las tierras del templo. Gimillu aprovechó su posición para apropiarse indebidamente de la propiedad del templo una y otra vez y, por añadidura, en no pequeña escala. Fue condenado y le impusieron una elevada multa, pero, de forma bien reveladora, continuó trabajando para el templo en una posición de responsabilidad. Reconozcamos que no deja de ser llamativo. No se puede evitar tener la sensación de que el concepto de corrupción no preocupaba especialmente a la gente de la mesopotámica Uruk. Incluso cuando se demostraba y castigaba, el culpable podía seguir desempeñando su cargo.

Con toda seguridad, no llegamos a encontrar una visión más estricta en relación con la corrupción hasta llegar a la Torah recibida por Moisés en el Sinaí para que sirviera de norma de vida a Israel. En el capítulo 23 del libro del Éxodo, por ejemplo, se recogen una serie de normas que se relacionan directamente con la corrupción:

"No esparzas falsos informes. No ayudes a una persona culpable siendo un testigo falso. No sigas a la multitud haciendo el mal. Cuando prestes testimonio en un proceso judicial, no perviertas la justicia colocándote al lado de la multitud y no muestres favoritismo para con el pobre en un proceso… No niegues la justicia a tus pobres en sus procesos. No tengas nada que ver con una falsa acusación y no condenes a muerte a alguien inocente u honrado… No aceptes un soborno porque el soborno ciega a los que ven y tuerce las palabras del inocente".

En su escueta formulación, la Torah muestra ya una serie de conductas inaceptables precisamente porque implican corrupción. El populismo pauperista, la aceptación del criterio de la masa sea justo o no, la recepción de sobornos, el falso testimonio, el juicio carente de justicia... son conductas que encajan sobradamente en el concepto de corrupción. No deja de ser significativo igualmente que las primeras instrucciones contenidas en la Torah justo en vísperas de la entrada en la Tierra prometida se relacionen con una justicia imparcial impermeable a la corrupción. En Deuteronomio 16: 18-9 se afirma:

"Nombrarás jueces y oficiales en todas tus puertas que YHVH tu Dios te da, en tus tribus y juzgarán al pueblo con justo juicio. No torcerás el juicio, no serás parcial, no aceptarás regalos porque un regalo ciega los ojos del sabio y pervierte las palabras de los justos".

El mensaje resultaba obvio: la justicia independiente era esencial para acabar con la corrupción, una corrupción cuyo concepto se había perfilado no poco.

Por supuesto, ni la justicia independiente ni la lucha contra la corrupción existieron siempre en el devenir histórico del antiguo Israel. Esa circunstancia es, precisamente, una de las causas de la aparición de uno de los fenómenos más interesantes de la Historia. Me refiero a los profetas del Antiguo Israel. La comprensión vulgar identifica a los profetas con meros vaticinadores del futuro, pero, en realidad, en la Biblia, son más bien personajes que leen el presente y señalan las consecuencias de la situación que ahora, en la actualidad, se vive. De manera bien significativa, para los profetas la lucha contra la corrupción era, por ejemplo, mucho más importante que la práctica de las ceremonias de la religión. Amós (5: 21-4), por ejemplo, podía afirmar:

"Odio, desprecio vuestras fiestas religiosas. Vuestras reuniones me apestan. Incluso aunque me traigáis ofrendas quemadas y de grano, no las aceptaré. Aunque me traigáis ofrendas de comunión selectas, no las consideraré. ¡Fuera el ruido de vuestras canciones! No escucharé la música de vuestras arpas. Pero dejad que corra la justicia como un río y la equidad como una corriente que no se interrumpe".

Sin duda, el avance en el concepto de corrupción era muy importante. Lo que era o no corrupción no era decidido de acuerdo al deseo del rey o a la opinión humana sino a la justicia imparcial colocada bajo el imperio de la ley. Cualquier acción contra esa justicia debida a la codicia, el soborno, la parcialidad, la ambición u otras causas entraba en el concepto de corrupción.

Así de claro resultaba, siquiera teóricamente, en el Israel que vivía bajo un único Dios, pero resultaba más problemático en las sociedades politeístas. Por ejemplo, Platón, en el diálogo titulado *Las leyes*, reconocía que los dioses recibían ofrendas de los hombres, pero, a la vez, quizá pensando en que esas ofrendas a los dioses no eran sino una forma de soborno, Platón añadía que ese tipo de acción no podía ser aceptada entre los hombres.

Curiosamente, los griegos – inventores de la democracia a fin de cuentas – dispusieron de no pocas palabras que pueden traducirse como "corrupción". Es el caso de, por ejemplo, *luô*, *stasis*, *metabolê*, *diaphthora*. Todas ellas, en mayor o menor medida, contienen una idea de pérdida con consecuencias negativas. Detengámonos, por ejemplo, en la palabra *diafzora* y en el verbo *diafzerein*. Este verbo contiene la idea de decadencia desde una forma original o pérdida de unidad o integridad lo mismo en un cuerpo físico que en una sociedad. Curiosamente, el verbo – y el paralelo con la Torah es llamativo – no indica tanto corromper como una corrupción de la mente que lleva a tomar decisiones erróneas.

La idea era clara, pero no lo era menos la realidad que no resultaba precisamente halagüeña. Reparemos, por ejemplo, en la Atenas que creó la democracia. El historiador Jenofonte (c. 430 – 354 BC), famoso autor de la *Anábasis* y defensor de la regeneración política incluso a costa de asumir formas políticas despóticas, nos ha transmitido un interesante diálogo entre Sócrates y Glaucón. El filósofo Sócrates informa a Glaucón de que no existe una ambición más honrosa que la de política. La afirmación puede aceptarse o no, pero, a continuación, Sócrates, de manera bien significativa, señala a Glaucón que lo mejor de desempeñar un cargo público, parte de la gloria que proporciona al que lo detenta y al estado, es que permite "obtener lo que se desea" ya que, de otra manera, no "tendrá los medios para ayudar a sus amigos". Reconózcase que el comentario es significativo. No era excepcional. Por ejemplo, Solón, una de las figuras esenciales en la Historia de la democracia ateniense, proclamó en un acto nada exento de populismo la cancelación de deudas. Justo antes de anunciar la medida, informó a sus amigos de que les convendría negociar la concesión de elevados préstamos que, por supuesto, nunca pagarían. Se trataba de un claro ejemplo de información privilegiada que abrió la puerta a la riqueza. Insistamos de nuevo en que no se trataba de una excepción. Temístocles, uno de los grandes demócratas atenienses, no ocultaba que, en su opinión, no resultaba nada interesante desempeñar un cargo si no se podía enriquecer a los amigos. Y no se trataba sólo del amiguismo o de la información privilegiada. También estaba la malversación. Pericles, otra de las grandes figuras de la democracia ateniense, creó los fondos reservados o secretos. Cuando se le preguntó en cierta ocasión como los empleaba, se limitó a responder que los había dado "según se necesitaba". Suena, desde luego, no poco familiar.

En cierta medida, la extensión de la democracia o, al menos, de un sistema basado en las elecciones sirvió para idear nuevas formas de corrupción. Así lo vemos, al menos, en la Antigua Roma. En el año 63 a. de C., Cicerón, que era cónsul a la sazón, asumió el propósito de castigar un delito electoral que recibió el nombre de *ambitus* y que tenía una raíz similar a la de *ambitio*, es decir, ambición. *Ambitus* no era sólo el usar el dinero para obtener votos, sino también para ser aclamado o seguido por la gente, para pagar reservas para los votantes en los juegos públicos, para dar banquetes públicos o para patrocinar juegos de gladiadores. Los romanos... qué civilización. Eran conscientes no sólo de cómo se podían corromper unas elecciones sino también de cómo crear un ejército de clientes. El filósofo estoico Epíteto (55 – 135 d. de C.) podía preguntar amargamente: "¿Cómo llegaste a ser juez? ¿Qué mano besaste? ¿Frente a qué dormitorio dormiste? ¿A quién enviaste regalos?". Se trata de preguntas retóricas que describen sobradamente una situación de corrupción extensa. No sorprende que el poeta Lucano indicara que la corrupción electoral había "destruido la república" al aumentar la deuda y las tasas de interés y empujado al enfrentamiento civil. Una vez más reconozcamos que esta visión de la corrupción suena familiar.

Los primeros cristianos no sólo fueron conscientes de la corrupción que aquejaba el imperio romano sino también la de los estados que orbitaban en torno suyo. Juan el Bautista consideró, por ejemplo, una manifestación de arrepentimiento que los funcionarios encargados de recaudar impuestos no despojaran a los ciudadanos más de lo debido (Lucas 3: 12-3). Tampoco deja de ser revelador que Pablo no fuera puesto en libertad por la sencilla razón de que el gobernador romano encargado de dar ese paso no deseara enemistarse con los judíos contrarios al apóstol (Hechos 24: 27). En estos aspectos, los primeros cristianos no fueron sino fieles seguidores de lo establecido por la Torah. Sin embargo, los primeros cristianos catalogaron también a una forma de corrupción si no del todo nueva sí llamada a disfrutar de una inmensa andadura. Me refiero a la simonía, es decir, la compraventa de bienes espirituales (Hechos 8: 17 ss), que recibe su nombre de Simón el mago. De esa manera, lo que era común en el paganismo fue contemplado con horror por los primeros cristianos. Deseo subrayar el término "primeros" porque, a lo largo de la Edad Media y como consecuencia de la inmensa inyección de paganismo que se produjo desde inicios del siglo IV, el papado no dejó de crear, difundir y acumular prácticas que sólo pueden ser calificadas como simonía. Como no podía ser menos, esa simonía, esa corrupción específicamente religiosa, garantizaba, supuestamente, no sólo un buen resultado en este mundo sino también una excelente posición en el futuro. Por cierto, esa corrupción institucionalizada no sólo fue la chispa que encendió la llama de la Reforma protestante a inicio del siglo XVI sino que además originó la denominación de una nueva forma de nepotismo. Me refiero al nepotismo. Como ustedes saben, el término deriva de la palabra latina "nepos" que significa "sobrino". La realidad es que los papas entregaban cargos a sus sobrinos estableciendo una forma especial de corrupción que se prolongó escandalosamente durante siglos.

He mencionado la Reforma y resulta obligado detenerme en ella porque implicó importantes cambios en el concepto de corrupción. Permítaseme citar un episodio claramente revelador. En el año 1538, Calvino y algunos de sus amigos fueron expulsados de la ciudad de Ginebra por las autoridades. El momento fue aprovechado por el cardenal Sadoleto para enviar una carta a los poderes públicos de la ciudad instándoles a rechazar la Reforma y regresar a la obediencia a Roma. La carta del cardenal Sadoleto estaba muy bien escrita, pero lo cierto es que no debió de convencer a los ginebrinos ya que éstos solicitaron en 1539 a Calvino (que seguía desterrado) que diera respuesta epistolar al cardenal. Calvino redactó su respuesta al cardenal Sadoleto en seis días y el texto se convirtió en un clásico de la Historia de la teología. Escapa a los límites de esta ponencia el adentrarse en el opúsculo, pero sí es obligado mencionarlo porque en él se puede contemplar dos visiones de la ley que diferenciaron — ¡como tantas otras cosas! — a las naciones en las que triunfó la Reforma de aquellas en que no sucedió así.

El dilema que se planteaba era si el criterio que marcara la conducta debía estar en el sometimiento a la ley o, por el contrario, a la institución que establecía sin control superior lo que dice una ley a la que hay que someterse. Sadoleto defendía el segundo criterio mientras que Calvino apoyaba el primero. Para Calvino, era obvio que la ley —en este caso, la Biblia— tenía primacía y, por lo tanto, si una persona o institución se apartaba de ella carecía de legitimidad. El cardenal Sadoleto, por el contrario, defendía que era la institución la que decidía cómo se aplicaba esa ley y que apartarse de la obediencia a la institución era extraordinariamente grave, a decir verdad, tratándose de la iglesia católica implicaría la condenación eterna. La Reforma optó por la primera visión, mientras que en las naciones donde se afianzó la Contrarreforma se mantuvo un principio diferente, el que establecía no sólo que no todos no eran iguales ante la ley sino que, por añadidura, había sectores sociales no sometidos a la ley. De esa manera, la Reforma abrió la puerta a que la ley estuviera por encima incluso de papas y emperadores. Igualmente, afirmó una visión del ser humano que tendría una extraordinaria repercusión institucional.

La Reforma recuperó el principio, expresado en la Biblia, que sostiene que el género humano es una especie caída. Lejos de nacer buenos, como pretendería después Rousseau, los seres humanos nacen y se desarrollan con una predisposición innegable hacia el mal. Ni que decir tiene que una sociedad en que la acción de los seres humanos discurriera sin someterse al imperio de la ley o en que se permitiera un poder absoluto tan sólo puede acabar en una corrupción creciente y en la tiranía. A *contrario sensu*, si una sociedad desea protegerse de la tiranía y de la corrupción, los poderes del estado deben estar separados desembocando en lo que conocemos como un sistema de frenos y contrapesos (*checks and balances*), precisamente la base del sistema constitucional de Estados Unidos. A decir verdad, sólo una sociedad que cuenta con un sistema semejante cuenta con posibilidades jurídicas de combatir la corrupción.

Basta de Historia... Quizá podamos ya definir un concepto de corrupción. Al menos, podemos atrevernos a ello.

La corrupción es, primero, una desviación en el proceso de tomar decisiones; segundo, esa desviación implica el apartarse del fin legal y lógico de la decisión; tercero, esa desviación no se debe a un error humano ni a mera incompetencia; cuarto, por el contrario, la desviación tiene lugar a cambio de alguna forma de recompensa o de la promesa de la misma y quinto, esa desviación tiene un efecto en la sociedad que contribuye en mayor o menor medida a corromperla y a avanzar por el camino de la decadencia.

Por supuesto, la corrupción se ve ayudada por distintas circunstancias y habrá otros ponentes que se referirán al tema, pero quisiera sugerir que esas razones son más culturales que políticas, más sociológicas que económicas, más espirituales que materiales. De hecho, la corrupción arranca, fundamentalmente, de la ausencia de un imperio de la ley igual para todos y de la falta de un trasfondo cultural que repudie enérgicamente esa corrupción. Fue precisamente un católico, por cierto, profundamente deprimido por la conducta de su iglesia y, en especial, de su cabeza, el que subrayó la importancia del primer factor. Su nombre era Lord Acton y, escribiendo a otro católico, afirmó:

"No puedo aceptar su canon de que tenemos que juzgar al papa y al rey de manera diferente a otros hombres, con una presunción favorable de que no han hecho nada malo. De existir alguna presunción sería, al revés, contraria a los que detentan el poder, aumentando en la medida en que el poder aumenta. La responsabilidad histórica obliga a enfrentarse con la falta de responsabilidad legal. El poder tiende a corromperse y el poder absoluto se corrompe absolutamente...".

No deja de ser significativo que mientras que la frase final es relativamente conocida, el conjunto del argumento de Lord Acton no suela citarse. El papado y la monarquía no sólo no podían gozar de una presuposición favorable sino todo lo contrario. El hecho de que su poder fuera absoluto si acaso indica que su corrupción también sería absoluta y no se puede negar que la Historia ofrece abundantes ejemplos de la veracidad de lo afirmado por Lord Acton.

La segunda característica está muy relacionada con la falta de igualdad ante el imperio de la ley y se manifiesta de manera especialmente obvia en sociedades como las del sur de Europa o las de Hispanoamérica a las que otros conferenciantes se referirán con más detalle. En esas sociedades, es común el concepto católico de pecado venial que incluye, por ejemplo, la mentira y la falta de respeto por la propiedad privada. Cuando hace apenas unos años, una ministra socialista llamada Magdalena Álvarez señaló en España que "el dinero público no es de nadie" simplemente repetía lo que es una noción común en el sur de Europa y en el centro y sur de América. Habiendo nacido en una cultura de pecados veniales, la noción de la señora Álvarez era tanto una invitación a la corrupción como una poco velada legitimación de la misma.

¿Puede esta corrupción de honda raíz cultural ser combatida? No es el tema que yo debo abordar, pero no puedo menos que indicar que, efectivamente, ha de ser combatida ya que la corrupción, al fin y a la postre, destruye el cuerpo social. Una vez más, el trasfondo cultural es determinante.

Ibn Jaldun, un extraordinario historiador musulmán de la Edad Media, era muy pesimista al respecto y dejó escrito:

"Varios gobernantes, hombres de gran prudencia en el gobierno, viendo los accidentes que han llevado a la decadencia de los imperios, han buscado curar el estado y restaurarlo a una salud normal. Piensan que esta decadencia es el resultado de la incapacidad o la negligencia en sus predecesores. Se equivocan. Estos accidentes son inherentes a los imperios y no pueden ser curados".

Ibn Jaldun expresaba, sin saberlo, lo mismo que describiría la Reforma siglos después —aunque apuntando ésta a un posible remedio— y que Lord Acton constataría con amargura en relación con papas y reyes: el poder absoluto corrompe absolutamente.

Sin embargo, sin caer en un fácil optimismo, creo que deberíamos adoptar otra actitud. En el suelo de piedra de la Torre de Constance, una prisión situada en Aigues Mortes, en Francia, un desconocido cautivo protestante escribió con un clavo una sola palabra: "Résistez". ¡Resistid! Ciertamente, ése es el mejor grito que se puede lanzar contra la corrupción. Resistid. Resistamos como si nos enfrentáramos con la misma muerte porque, efectivamente, esa corrupción implica, tarde o temprano, el final del sistema político que la alberga en su seno. Muchas gracias.

Trabajo conjunto en la lucha contra la corrupción[1]

Alberto Precht R
Director Ejecutivo Chile Transparente

La corrupción no es solamente un problema de los gobiernos, las grandes corporaciones o determinadas instituciones si no que la corrupción se encuentra presente en distintas conductas sociales muchas veces aceptadas que van creando verdaderas culturas que hacen que el fenómeno sea muy difícil de combatir, y aún más difícil de erradicar.

Si la corrupción es algo tan extendido y en algunos lugares del mundo un problema sistémico, cabe preguntarse aunque suene obvio ¿Por qué es importante combatir la corrupción? . Para poder cuantificar el problema es importante el ponerse en la posición de que pasaría si no existiera la corrupción y debemos partir por señalar cuanto es el daño que esta genera:

Así al año se pierden un 1 trillón de dólares por actividades corruptas, y solo en los países en vías de desarrollo los pagos asociados a actividades corruptas llegan a cifras entre 38.000 y 64.000 millones de dólares.

---

1. Preparado para seminario "Corruption and Democracy in Latin America", Inter American Institute for Democracy

Las Naciones Unidas en su Convención contra la Corrupción nos entrega un catálogo de actos corruptos, pero estimo que debemos ir más allá identificando como corruptos a actos que incluso son parte de la "cultura" de una determinada sociedad.

Esto ocurre en un entorno que favorece la ocurrencia de este tipo de hechos, tanto por la gran desconfianza existente en las instituciones públicas, la insatisfacción con la democracia cada día más creciente y la violencia que asola a nuestros países.

En general con las excepciones de Chile y de Uruguay los países latinoamericanos se encuentran lejos de aquellos modelos considerados como transparentes generándose junto a los componentes anteriores climas internos que hacen que la situación sea proclive para que el problema este lejos de tener una solución.

Es alarmante que aún en algunos países de la región sobre el 20% de los ciudadanos justifican la corrupción en algunos casos.[2]

Sin embargo muchos creemos que la transparencia como pilar del buen gobierno puede ser un buen mecanismo para empezar a cambiar la historia, y por eso es bueno recordar los efectos positivos que tiene en la sociedad:

La transparencia es positiva para el crecimiento económico, el fortalecimiento del Estado de Derecho, la competitividad y el desarrollo democrático. No por nada los países más transparentes también son aquellos que tienen mejores estándares en estos aspectos.

La lucha contra la corrupción una tarea compartida: Existe una creencia extendida de que la solución a los

---

2. Encuestas LAPOP 2006, 2008, 2010, 2012

problemas de corrupción son resorte normalmente del Estado y la verdad sea dicha que la acción coordinada entre Estado, empresa y ciudadanía son la única forma de tener algún grado de éxito en esta verdadera batalla.

El Estado por su parte debe tener una institucionalidad acorde y que funcione abarcando las etapas de prevención, detección temprana, control externo y por último sanción y persecución.

Por su parte los ciudadanos deben ser activos actores en la prevención y denuncia y para esto se requieren de herramientas efectivas como buenas leyes de acceso a la información y líneas de denuncia que demuestren ser eficaces.

Los partidos políticos, que son las instituciones más desacreditadas y me atrevo a decir que debido a su fragilidad uno de los causantes de la reciente ola de populismos, deben dejar de estar ausentes, pero lamentablemente no parecen activarse. Un reciente estudio de Chile Transparente demostró que los partidos políticos chilenos obtienen una nota de 2.7 sobre 7 puntos en cuanto a los estándares mínimos de transparencia activa.

Por último, el sector privado no puede quedar ausente y aunque a costa de grandes escándalos y pérdida de credibilidad, afortunadamente ha ido tomando conciencia y acción en la lucha contra la corrupción.

Por último algunas reflexiones:

- Pasar a una política local anti corrupción.
- Incluir a las comunidades afectadas en la elaboración de los planes anti corrupción y también hacerlos parte del problema y la solución.

- Abrir la discusión más allá de la comunidad pro transparencia.
- Salir de lo digital como la principal solución.
- Escalar casos de éxito.

La transparencia y la lucha contra la corrupción debería ayudarnos a detener la crisis de confianza, pero debe ser entendida como algo más allá de una responsabilidad del sector público.

Pero sobre todo la mejor forma de enfrentar la corrupción en entendiendo que uno debe actuar éticamente porque es algo correcto no porque una ley o tratado internacional lo señala.

La lucha contra la corrupción: la Convención Interamericana

Carlos Manfroni

Han pasado casi veinte años desde que aquí mismo, en Washington DC., al otro lado del Mall, en la Organización de los Estados Americanos, un grupo de personas, después de muchas reuniones y discusiones, redactó el borrador de la Convención Interamericana contra la Corrupción.

Quizás muchos de ustedes sonreirían si les dijera que la negociación de la convención surgió de una propuesta venezolana; ciertamente no de la Venezuela gobernada por Hugo Chávez o Nicolás Maduro, sino por el presidente Rafael Caldera, en 1994.

La convención fue algo completamente nuevo; se trató del primer compromiso internacional que los países adoptaron para combatir un problema que, hasta ese momento, era sólo considerado un asunto interno de cada Estado.

Pero la convención no fue sólo novedosa por ser el primer compromiso de ese tipo. La convención fue el primer documento que, además de tener un grupo de cláusulas sobre cooperación internacional, contenía también un capítulo sobre medidas preventivas.

En ese contexto, los Estados-Parte convinieron legislar sobre: normas de conducta para los funcionarios públicos; mecanismos para hacer cumplir esas normas; sistemas para registrar los ingresos, activos y pasivos de las personas que cumplen funciones públicas; sistemas de adquisición de bienes por parte de los gobiernos; sistemas para proteger a las personas que denuncien actos de corrupción; organismos superiores de control para monitorear el sistema administrativo; mecanismos para estimular la participación de la sociedad civil, etc.

Muchas de esas medidas fueron implementados por los Estados-Parte; por ejemplo, las oficinas de ética gubernamental y los sistemas de declaraciones patrimoniales. En Argentina, la Oficina de Ética Pública (hoy en día llamada Oficina Anticorrupción) fue creada en 1997. Gracias a esas medidas, pudimos saber que el patrimonio de la actual presidente de la Argentina, Cristina Kirchner, y el de su hoy difunto esposo, Néstor Kirchner, creció más de 1000% durante el período de sus funciones. Y ese crecimiento muestra sólo lo que ellos declararon.

Sin embargo, los jueces en la Argentina no son completamente independientes para investigar ese incremento desproporcionado, al menos hasta que llegue una nueva administración o pierda poder la actual, lo cual está comenzando a suceder. Por cierto, hay siempre muchas excepciones. De cualquier modo, el sistema de declaraciones patrimoniales es muy útil, porque al menos podemos conocer ese tipo de información. Las investigaciones llegarán, tarde o temprano.

Entre las cláusulas de Derecho Penal de la convención, debemos hacer una distinción entre los compromisos de legislar y las obligaciones de cooperar.

Entre las obligaciones de legislar, los Estados-Parte se obligaron a penalizar el soborno transnacional y el enriquecimiento ilícito. Hasta ese momento, únicamente los Estados Unidos tenían legislación contra el soborno transnacional. La Convención Interamericana fue el precedente para la Convención de la OCDE sobre soborno transnacional, firmada en París al año siguiente.

El enriquecimiento ilícito es la imposibilidad de un funcionario público de justificar un incremento desproporcionado de su patrimonio. No estamos penalizando el enriquecimiento, sino su falta de justificación. Un funcionario que está sólo dedicado al servicio público y no tiene otras fuentes de ingresos debe revelar cómo obtuvo los recursos que exceden el poder adquisitivo de su salario.

Esta disposición resulta extremadamente útil para los países de América latina. Nosotros no contamos con un FBI u otras agencias de inteligencia capaces de sorprender a un funcionario público en el momento de recibir un soborno.

Por otro lado, es muy importante que los países desarrollados cooperen con nosotros para encontrar las fortunas mal habidas de los funcionarios. Con ese objetivo, la convención establece medidas revolucionarias, tales como las siguientes:

- Un Estado-Parte no puede invocar el secreto bancario contra una solicitud de información procedente de otro Estado.

- Los actos de corrupción no deben ser considerados como un delito político; lo cual significa que los gobernantes corruptos deben ser extraditados.
- Los Estados-Parte pueden compartir las propiedades decomisadas por actos de corrupción.

Las medidas vinculadas con el co-dominio de los Estados respecto de las propiedades decomisadas deberían ser extendidas a los individuos particulares. La cláusula Qui Tam, inserta en la Ley de Falsas Demandas del Código de los Estados Unidos, permite que un ciudadano particular litigue ante los tribunales a fin de recobrar dinero que fue indebidamente pagado por el gobierno. Esos particulares reciben un porcentaje del dinero que recobraron.

Sería extraordinario que los Estados-Parte establecieran una legislación similar, aprovechando el marco de la convención; en particular, el artículo de la convención que requiere medidas para estimular la participación de la sociedad civil. Algunos políticos de los partidos de oposición en la Argentina están proponiendo esa clase de medidas.

Creo que los organismos gubernamentales tienen una capacidad limitada para controlar la corrupción. El involucramiento de la sociedad civil es absolutamente necesario.

Además de la penalización de la corrupción, resulta imprescindible recobrar el patrimonio perdido. Esta es una prioridad urgente en algunos países, como la Argentina y Venezuela.

Allí se ha alcanzado un grado extremo de corrupción, a tal punto que la corrupción alcanzó otro concepto; cambió su naturaleza. Ahora, deberíamos estar hablando de expoliación. El delito de expoliación es un concepto que está siendo desarrollado en algunas universidades de los Estados Unidos. Los gobernantes ya no están satisfechos con recibir sobornos y ahora se apropian de la totalidad del negocio; los políticos se transforman en propietarios de sectores enteros de la economía. Ahora mismo, tenemos el caso del vicepresidente de la Argentina, que se apoderó de la compañía encargada de emitir moneda.

En el sur de la Argentina, la familia del ex presidente Kirchner y su entorno compraron costosas tierras del Estado a precios muy bajos.

Y esos casos son sólo dos ejemplos de expoliación en la Argentina. Miles de millones de dólares fueron robados o malgastados en nuestros países. El lema de la actual presidente de Argentina —textualmente dicho por ella— es: "¡Vamos por todo!"

La frase "vamos por todo" no podía ser más descriptiva. Cuando decimos "todo", podríamos estar refiriéndonos tanto a las propiedades como a las instituciones. Hace algunos siglos, Harrison escribió que la corrupción provoca la concentración del poder. El Preámbulo de la convención fue acertado cuando expresó "que la corrupción socava la legitimidad de las instituciones públicas, atenta contra la sociedad, el orden moral y la justicia".

En Nicaragua, hace ya varios años, un candidato independiente a la Alcaldía de Managua —quien no era ni liberal ni sandinista— estaba encabezando las encuestas para la elección. Un día, él despertó con la sorpresa de que no vivía más en Managua. Las autoridades habían corrido el límite y lo habían dejado fuera de la ciudad; su casa ya no estaba dentro de los límites de la capital. Por tanto, no se le permitió participar de la elección. La corrupción en algunos países de América latina es desvergonzada.

En Argentina, miles de personas pobres reciben un salario mensual bajo la condición de no tomar un trabajo y que el gobierno gane las elecciones en las áreas donde ellos viven. Ellas se han transformado en esclavas del gobierno.

En mi opinión, la Convención Interamericana contra la Corrupción debe ser actualizada para incorporar cláusulas contra la expoliación, así como otras vinculadas con las operaciones que desnaturalizan el sistema democrático.

Además, deberíamos trabajar sobre un mejor mecanismo para hacer cumplir la convención.

Como casi siempre ocurre en materia de Derecho Internacional, la convención no tiene mecanismos para obligar a los Estados-Parte a cumplir. Era el primer compromiso internacional contra la corrupción y nosotros teníamos que caminar paso a paso.

Por otro lado, habíamos asumido por entonces que la globalización sería suficiente en sí misma como mecanismo para hacer cumplir la convención. Aquellos países que no aseguraran la transparencia no recibirían inversiones. Pero esto es verdad para un número de naciones que necesitan de inversiones externas inmediatas; pero otras, ricas en recursos naturales, hacen posible a sus políticos continuar con prácticas corruptas por muchos años. Además, hay políticos absolutamente indiferentes a la prosperidad de sus países.

En 2000, los Estados-Parte de la OEA aprobaron mecanismos para informar regularmente los progresos en la implementación de la convención. Pero la experiencia demuestra que estos mecanismos, que son muy importantes y necesarios, ya no resultan suficientes.

Tanto en Argentina como en Venezuela, millones de personas ganaron las calles para protestar contra la corrupción, la impunidad y la distorsión de las instituciones democráticas. Estas manifestaciones muestran que nuestros mecanismos internacionales son todavía débiles.

Tal vez, es el momento de pensar en una corte interamericana contra la corrupción, con facultades similares a la Corte Interamericana de Derechos Humanos.

Una corte así podría dar protección tanto a la prensa como a los ciudadanos que denuncien actos de corrupción; podría actuar también cuando los tribunales de un país se nieguen a investigar importantes casos de corrupción. Por otro lado, podría actuar como tribunal de arbitraje cuando haya denuncias de corrupción en grandes licitaciones internacionales.

Sería muy útil, por otra parte, que los Estados Unidos y otros países desarrollados nos ayudaran a encontrar el dinero de nuestros contribuyentes, diseminado en cuentas externas de los funcionarios corruptos o sus prestanombres. Sería, además, extraordinario que los Estados Unidos continuaran aplicando su decreto del 12 de septiembre de 2005 que prevé la revocación de la visa a los funcionarios imputados de actos de corrupción. Ellos aprenderían así que el mundo es demasiado pequeño en nuestros días.

Tal podría ser la etapa final en el desarrollo de los compromisos internacionales contra la corrupción o, probablemente, sólo el comienzo.

DEMOCRACIA, DICTADURA Y CORRUPCIÓN

Carlos Sánchez Berzaín

Presentación en el Foro
"Corruption and Democracy in Latin America"
Capitolio de los Estados Unidos. Septiembre 9 de 2014

Muchas gracias por su presencia, gracias a los organizadores y al Embajador Reich que modera este panel.

Para el tema *Democracia, Dictadura y Corrupción*, recordaremos tres conceptos como marco de referencia teórico, y luego realizaremos el análisis de la realidad objetiva de América Latina.

Los conceptos son: democracia, dictadura y corrupción.

Democracia

Para recordar que es la Democracia, la mejor fuente que tenemos en las Américas es la Carta Democrática Interamericana , que constituye un documento firmado por todos los países miembros de la Organización de Estados Americanos. Es un instrumento con un largo proceso de concertación y es un texto obligatorio para los países que la aceptaron y firmaron en Lima, Perú el 11 de septiembre de 2001. La Carta Democrática Interamericana forma parte legislación interna de todos los estados de las Américas (excepto Cuba).

La Carta Democrática Interamericana no establece una definición, pero en su Artículo Tercero señala los elementos esenciales de la democracia. Esencial es aquello que constituye la naturaleza de las cosas, lo que es permanente e invariable en ellas, lo más importante y lo característico. Sin lo esencial, la cosa deja de existir porque la naturaleza del "ser" desaparece.

Los elementos esenciales de la democracia son:

- El respeto a los derechos humanos y a los derechos fundamentales;
- El acceso y el ejercicio del poder de acuerdo al Estado de Derecho;
- La celebración de elecciones libres, justas y periódicas fundadas en el voto universal y secreto como expresión de la soberanía popular;
- La existencia de un sistema plural de partidos y organizaciones políticas;
- La separación e independencia de los poderes públicos.

A esos cinco elementos esenciales de la democracia yo agrego dos signos vitales de la democracia que son: la libertad de prensa, y la opinión pública. Estos dos signos vitales son sin duda la última trinchera de la libertad y de la defensa de la democracia.

Dictadura

Se entiende por dictadura el gobierno que bajo condiciones excepcionales prescinde de una parte mayor o menor del ordenamiento jurídico para ejercer la autoridad en un país. También se define como dictadura un gobierno que en un país impone su autoridad violando la legislación anteriormente vigente.

Una dictadura es básicamente un gobierno al margen de la ley, un gobierno que rompe el Estado de Derecho y lo reemplazan por un individuo o un conjunto de individuos, que dictan, que se considera la ley y que se ponen por encima de la ley.

Para graficar este ejemplo ustedes pueden recordar al gobernante Chávez, o Maduro en Venezuela, al gobernante Correa en el Ecuador , al gobernante Ortega en Nicaragua o a Evo Morales en Bolivia , diciendo: "me apresan ese sujeto, me cierran ese canal de Televisión , me toman esa empresa, me destituyen ese juez, encarcelan a... etc.", ... dictando lo que después tienen que cumplir jueces, autoridades, congreso o asamblea legislativa.

El dictador decide, determina, dispone, está por encima de la ley. Luego su aparato le da visos de legalidad. Ya lo dijo Evo Morales en Bolivia: "cuando los abogados me dicen esto o lo otro es ilegal, yo le meto nomás y luego que arreglen los abogados que para eso están".......esta como otras tantas confesiones de barbarie, se encuentra registrada en el libro "Evadas".

Esa es la dictadura. Una dictadura es una situación en la que desaparece con carácter permanente cualquiera de los elementos esenciales de la democracia. No hay respeto por los derechos humanos, no existen las libertades fundamentales, no hay Estado de Derecho. No es posible el pluralismo de los partidos políticos. Las elecciones se convierten en un instrumento para la prórroga en el poder y no en un instrumento para reconocer y respetar la voluntad popular. Tampoco existe ni división ni independencia de los poderes públicos, porque el poder está concentrado en las manos del gobernante no democrático.

Corrupción

Con las referencias históricas, los conceptos y las definiciones que se han dado en este Foro sobre lo que es la corrupción, agregar de mi parte simplemente que, como un aporte adicional, tomo el concepto de corrupción para el análisis político, como "el abuso del poder y/o de la función pública para obtener una ventaja personal o privada".

Es el "mal uso del poder público para conseguir una ventaja ilegítima" un beneficio que de otra manera no hubiera sido posible obtener.

La corrupción es —como se ha dicho por los panelistas— inherente a la naturaleza o por lo menos a la actividad del ser humano, de donde lo que resulta importante es la existencia de un sistema que prevenga, denuncie, investigue, establezca, evidencie y sancione la corrupción. El único sistema que garantiza esto es la democracia. Los elementos esenciales de la democracia y los dos signos vitales (libertad de prensa y opinión pública libre) son los que hacen posible una efectiva lucha contra la corrupción.

4.- Análisis de la realidad en América Latina:

Revisemos un poco de historia de los últimos 15 años para el análisis de la realidad objetiva de América Latina.

¿Qué es lo que está pasando en la América Latina en los últimos años? ¿Qué es lo que está pasando en esta América Latina en este siglo XXI?

Acontece que las democracias se han fortalecido, la mayoría de los países son generalmente democráticos. Pero existe un fenómeno que se inicia a partir de 1999, cuando Hugo Chávez gana unas elecciones y toma democráticamente el poder en Venezuela. En un estado de debilidad de gobierno y sin grandes auspicios de ejercicio, acudió a la Habana al encuentro con el gobierno dictatorial de Fidel Castro, que estaba en otro estado de debilidad extremo económica y juntos ponen en marcha un proceso no democrático que desde entonces viene alterando la situación de la democracia en la región.

Después de la caída del muro de Berlín el 9 de noviembre de 1989 y el colapso de la Unión Soviética (URSS) en 1991, la dictadura de Fidel Castro en Cuba había quedado en una situación económica tan delicada que la llevó a afrontar el denominado "período especial"; una etapa de crisis económica severa que afectó la vida y la salud del pueblo cubano y que fue sin duda la más seria amenaza política para el continuismo de la dictadura castrista.

Desaparecida la URSS, Rusia dejó de enviar petróleo a Cuba y los efectos fueron inmediatos y devastadores. Cuba llegó a importar aproximadamente solo la décima parte del petróleo que antes recibía de la URSS. El producto interno bruto (PIB) estimado para 1990 se redujo en más del 35% para 1993. El racionamiento y la presión sobre el ya empobrecido pueblo cubano se hizo extremo. Esta delicada situación que en su momento llevó a pensar en la caída o la modificación del régimen castrista, cambió de pronto con llegada de Hugo Chávez a la presidencia de Venezuela en 1999.

Con la alianza de Chávez con Castro se produce, sin que los demócratas de las Américas y del mundo tal vez lo advirtamos, el nacimiento de lo que hoy se conoce como el Socialismo del Siglo XXI, que empezó denominándose revolución bolivariana y que resultó en el movimiento antidemocrático organizado y financiado, mas importante que se ha generado en el hemisferio.

El *Know how* castrista, el saber cómo hacer las cosas políticamente, que les permite hasta hoy día sobrevivir 55 años sosteniendo una dictadura, sojuzgando a un pueblo, habiendo convertido la isla de Cuba en una cárcel y confrontando a la potencia más importante del mundo, se unió en 1999 con el dinero venezolano proveniente del petróleo. Los ingresos petroleros venezolanos tendrían a los pocos años un incremento extraordinario y exponencial con la subida de los precios internacionales.

Así nació un proyecto presentado como populista, pero en verdad anti democrático. Por la unión entre el *know how* castrista dictatorial y el dinero que del petróleo venezolano en manos chavistas. Es un proyecto que se autodenomina revolucionario y antiimperialista, con ideología marxista, que en realidad encubre el "neo-comunismo" castrista y que opera con disfraz de democracia utilizando el foquismo electoral populista.

Una realidad política impensable a fines del siglo pasado, que ha logrado llevar gobernantes al poder a través de procesos electoral, pero que inmediatamente que llegan al poder —véase Venezuela, Bolivia, Ecuador y Nicaragua— empiezan la destrucción de la institucionalidad democrática, con el pretexto de revolución y cambio, con mecanismos suplantación constitucional.

En verdad se trata de un proceso de destrucción institucional que rompe las garantías fundamentales y el Estado de Derecho, con el propósito fundamental de mantener indefinidamente en el poder al presidente que convierten en dictador como los casos de Hugo Chávez y Nicolás Maduro en Venezuela, Evo Morales en Bolivia, Rafael Correa en Ecuador , Daniel Ortega en Nicaragua. Estos son hoy gobernantes de permanencia indefinida en el poder en base a la simulación democrática. Son los dictadores del socialismo del siglo XXI.

La toma total del poder

Cada uno de estos gobiernos a su turno, con la misma agenda que ha sido descrita como una "metodología de exportación castrista", comienzan un proceso de destrucción de la institucionalidad democrática, un proceso de copamiento del poder. Controlan el Poder Legislativo, subordinan el Poder Judicial, cambian todas las autoridades, crean una nueva institucionalidad.

La fórmula utilizada en Venezuela, Bolivia, Ecuador ha sido la misma. Han suplantado la constitución y en la nueva constitución han cambiado de nombre a las instituciones. La Corte Suprema de Justicia de la Nación en Bolivia —por ejemplo— pasó a ser el Tribunal Supremo de Justicia, ¿para qué? Para que los magistrados que estaban en funciones al cambiar el nombre de la institución donde trabajan, quedaran automáticamente cesantes y despedidos al no tener instrucción donde ejercer, y el gobierno proceda a nombrar los nuevos magistrados del Tribunal

Supremo de Justicia del Estado Plurinacional. Lo han hecho en el Ecuador y lo han hecho en Venezuela.

Han repetido lo mismo con los organismos electorales, con los tribunales constitucionales, con los organismos de control y fiscalización. Han hecho exactamente lo mismo con la organización de todas las instituciones de las cuales querían sustituir magistrados y funcionarios electos que del sistema democrático pre existente.

Esa suplantación constitucional ha desarrollado además una escuela que se llama "nuevo constitucionalismo latinoamericano", dirigida por algunos profesores de la Universidad española de Valencia que tienen instituida una cátedra de Derecho Constitucional en la Universidad de la Habana Cuba. Imaginen Uds. el tiempo de estudios constitucionales que se pueden impartir con auspicios de la dictadura castrista.

El nuevo constitucionalismo latinoamericano, que es el justificativo teórico contratado por chavismo para buscar legitimar sus atropellos y tratar de mantenerse como democracias, sostiene que las constituciones son básicamente herramientas para hacer revolución y reducen el texto constitucional a la condición de normas ordinarias que pueden ser modificadas cada vez que el dictador necesite o desee. Para el socialismo del siglo XXI las constituciones son herramientas de opresión que el gobierno ha institucionalizado para llevar adelante un proceso totalitario con discurso de legalidad.

Y esto ha sucedido. Ahí están las constituciones de Chávez que ha creado la República Bolivariana de Venezuela, la constitución de Evo Morales que ha creado el Estado Plurinacional de Bolivia en remplazo de la Republica de

Bolivia, ahí está la Constitución de Correa que ha terminado con la República del Ecuador para crear un nuevo Estado ecuatoriano con este tipo de reglas. Ahí está Ortega cambiando la constitución para implementar el mismo sistema, pero sobre todo para legitimar la re elección indefinida que lo mantenga en el poder al estilo cubano: para siempre!.

Judicialización de la represión

Ese control total del poder, nos lleva al control del Poder Judicial y desde el Poder Judicial establecen un nuevo sistema de persecución y de represión política que es la represión judicializada. Otra forma de corrupción y de opresión.

En los gobiernos dictatoriales militares de los años setenta en la América Latina, cuando algún ciudadano iba a ser apresado por razones políticas, llegaba un camión militar, allanaba la casa se llevaba al individuo y ese era un preso político. Hoy día para ser un preso político en Venezuela, Bolivia, Ecuador o Nicaragua, simplemente el gobierno envía una notificación fiscal, la persona es convocada a prestar una declaración en la fiscalía y se pone en marcha el aparato judicial que es totalmente dependiente del gobierno y que termina por acusar al opositor, generalmente de crímenes cometidos por el propio acusador; lo detienen, prosiguen asesinándole la reputación en los medios de comunicación que controla el gobierno, para luego condenarlo judicialmente a muchos años de cárcel y al pago de millonarias indemnizaciones.

Si el individuo tiene la suerte de salir del país, será perseguido por todos los mecanismos incluida la Interpol como sucede hoy en día con el ex presidente del Ecuador

Yamil Mahuad , con el ex presidente de Bolivia Gonzalo Sánchez de Lozada , como sucede con el ex candidato presidencial de Bolivia Manfred Reyes Villa y cantidad de líderes de Venezuela, como Rosales que está exiliado en el Perú, como Leopoldo López que está preso político en cárcel militar en Venezuela, o como María Corina Machado que ha sido separada del Congreso Nacional y se encuentra enjuiciada y arraigada por la dictadura de Maduro. Lamentablemente existen centenas de víctimas y ejemplos.

Hasta que entraron en operación plena los gobiernos dictatoriales del socialismo del siglo XXI, solo existía en América Latina el exilio cubano generado por la dictadura castrista. Hoy existen miles de exiliados venezolanos, cientos de exiliados bolivianos, decenas de exiliados ecuatorianos, forzados por los gobiernos de Chávez, Maduro, Morales y Correa.

Un país y su gobierno no pueden pretender ser democracias con perseguidos, pesos y exiliados políticos.

Así se demuestra como el Poder Judicial se ha convertido —en los estados del socialismo del siglo XXI— como lo era ya en Cuba desde la instauración de la dictadura castrista, en el aparato de persecución política. Una justicia que no es justicia, que no respeta el debido proceso de ley, que no protege ningún derecho humano, ni derecho fundamental de los ciudadanos; un sistema que solo encubre y opera para el gobierno. Un poder judicial que ha institucionalizado regímenes de terror desde el estado. Llamo a eso la criminalización de la política y la judicialización de la represión.

La corrupción es elemento esencial de las dictaduras.

Todo lo hasta aquí explicado constituye corrupción, sin embargo existen muchos hechos que demuestran que este tipo de gobiernos solo pueden ejercer el poder en base a la corrupción. Como señalaba previamente el experto Precht de Transparencia Internacional, no es posible que una dictadura sobreviva, que exista un gobierno dictatorial sin corrupción. La corrupción es inherente al control absoluto del poder. NO hay dictadura sin corrupción.

En esa dinámica delictiva, vemos como no resulta extraño que las estadísticas, encuestas y los muestreos internacionales expresen que son los países sin democracia, Cuba, Venezuela, Ecuador, Bolivia, Nicaragua, los que tienen mayores índices de corrupción. La opinión pública mundial, en el ámbito de las noticias internacionales, refleja la corrupción en estos gobiernos que además de la corrupción administrativa y judicial, abarca delitos como el narcotráfico, el lavado de dinero y los pone bajo la sospecha de ser "narcoestados". Varios informes, estudios y reportajes de prensa se han publicado respecto a la condición de narcoestados de Bolivia gobernada por Morales y Venezuela gobernada por Chávez y Maduro.

El narcotráfico se ha incrementado exponencialmente en Bolivia , porque el dirigente cocalero Evo Morales ha hecho crecer de 3.000 hectáreas de cultivos de coca ilegal a más de 30 mil y eso es producción de droga. Ecuador aparece —en el gobierno de Correa— señalada por el envío de valijas diplomática con contenido de cocaína. Venezuela se ha convertido de pronto en el país más importante de reembarque de droga tanto a Europa como hacia el Norteamérica. Muchos de los principales funcionarios de estos gobierno que estaban encargados de luchar contra el narcotráfico, hoy están presos y condenados en otros países; muchos más están acusados y buscados por organismos internacionales de lucha antinarcóticos.

La Prensa Libre

Al no existir Estado de Derecho no hay manera de que estas situaciones sean objeto de control legal. Pero además como la siguiente trinchera en la defensa de la libertad y en la defensa de la democracia es la prensa libre, notarán ustedes que en todos estos gobiernos de las dictaduras del socialismo del siglo XXI, existe un sistemático ataque a la libertad de prensa. Deben terminar con la libertad de prensa para sobrevivir.

Empiezan por la confiscación de medios de comunicación privados, como lo han hecho en Venezuela, Ecuador, Bolivia, para usarlos al servicio del gobierno. Utilizan el mecanismo de la compra forzada de otros medios de comunicación, donde va el gobierno a través de testaferros o de palos blancos que prestan sus nombres para encubrir al jefe del gobierno, al proyecto y/o a su entorno. Desde el gobierno presionan —mediante la extorsión— a los dueños de los medios de comunicación para obligarlos a entregar sus empresas y vender a individuos o empresas que solo son parte encubierta del presidente, su entorno y que pasan a formar el grupo de los nuevos ricos del gobierno. Lo hemos vivido en Ecuador, en Bolivia, en Nicaragua; acabamos de ver repetida esta historia en Venezuela.

Leyes de prensa, leyes mordaza, que como el caso del Ecuador han sido objeto de censura por *Human Rights Watch*. Corrupción vinculada a los atentados a la libertad de prensa, nuevamente como el caso del Ecuador que ha llevado al gobierno de Correa a expulsar a Transparencia Internacional del país hace cuatro años por reclamar por el contenido de esas leyes, que no son leyes de prensa sino leyes de intervención de libertad de prensa. Persecución de periodistas, despidos, censura, extorsión con la propaganda estatal...

Todo esto porque cuando hay libertad de prensa, hay denuncia de corrupción y eso es incompatible con el ejercicio arbitrario del gobierno.

Opinión Pública

El control de la prensa y la liquidación de la prensa libre tienen como objetivo alcanzar el próximo estadio del poder total que es el del control de la opinión pública. Informar lo que se quiere, como se quiere, falsear la información, cerrar los medios a la oposición y a cualquier noticia que pueda perjudicar al dictador o a su gobierno, es lo que buscan y en muchos casos han logrado los regímenes dictatoriales de las Américas. La población debe recibir la información que ellos quieren, la que les conviene, la que finalmente inventan. Esto es lo que permite mantenerse a estos gobiernos.

Venezuela, Bolivia, Ecuador y Nicaragua no tienen opinión pública libre, estos gobiernos conducen hoy opiniones publicitadas en reemplazo de la opinión pública. La opinión publicitada es la opinión que se forma desde una estrategia de los gobiernos totalitarios para dirigir la opinión del público. Para crear opinión publicitada es imprescindible el paso previo del control, acotamiento o anulación de la libertad de prensa.

La opinión pública es una opinión que debe ser libre, la libertad es su esencia. La opinión publicitada es la opinión dirigida por los gobiernos que controlan la prensa, que subordinan y que censuran a los periodistas y que llevan la información a un nivel que les permite controlar a la ciudadanía. Lo hacen con difusión de noticias falsas, en función del miedo, en función de la represión judicializada y en función del escenario de control absoluto del poder que han creado.

Dictaduras del socialismo del siglo XXI

La descripción que acabo de hacer, que es muy resumida, no es otra cosa que un desarrollo del concepto estudiado por el académico y ex presidente del Ecuador Osvaldo Hurtado, quien ha establecido la denominación de las "Dictaduras del Socialismo del siglo XXI", a la que hemos adherido analistas , académicos, políticos, prensa libre, estudiosos y defensores de la democracia.

Dictadura del socialismo del siglo XXI, como concepto se refiere a "gobiernos civiles en América Latina son hoy en día gobiernos dictatoriales", gobiernos que habiendo accedido al poder por elecciones, en ejercicio del poder han destrozado el estado de derecho, han anulado la vigencia de los elementos esenciales de la democracia y gobiernan por encima de la ley. Esos gobiernos son, además de la Cuba dictatorial de los 55 años, el gobierno de Venezuela de Chávez y Maduro, el gobierno en Bolivia de Evo Morales , el gobierno de Ecuador de Rafael Correa y el gobierno de Nicaragua de Daniel Ortega.

Elecciones no son democracia. La institucionalización del fraude electoral.

Otra forma de corrupción que caracteriza a los gobiernos no democraticos es la que realizan para mantenerse en el poder por medio de elecciones periódicas, pero no justas, no limpias y que no respetan el sufragio universal y secreto como expresión de la soberanía popular.

Los gobiernos del socialismo del siglo XXI han institucionalizado el fraude electoral y para ello controlan dese la identificación de los ciudadanos, la composición de los organismos electortales donde han puesto dependientes suyos, han cambiado los mapas electorales, han suplantado la legislación electoral, ejercen cocacción, violencia, anulan opositores, toman ventaja del uso y abuso de los bienes del estado en campañas electorales, reprimen, controlan la prensa y finalmente digitan los resultados.

Para muestra permitanme explicar el proceso electoral en Bolivia, donde las elecciones se llevarán a cabo el 12 de octubre de este año. Evo Morales está legalmente impedido de ser candidato, no puede participar de las elecciones por la prohibición que establece la constitución política que el mismo ha aprobado suplantando la Constitución de la República de Bolivia, pero para salvar ese hecho pidió una interpretación a su Tribunal Constitucional. Este Tribunal Constitucional emitió resolución expresando que habiéndose Bolivia fundado en el año 2008 con la nueva constitución , esto es el Estado Plurinacional de Bolivia, Evo Morales puede ir a esta reelección porque es la primera reelección, ya la elección que se produjo antes del 2008 no vale, porque en la opinión de los jueces de la dictadura Bolivia no existía antes del 2008. (Acaso no hemos visto lo mismo con la habilitación ilegal de Nicolas Maduro a la candidatura presidencial en Venezuela luego de la muerte de Hugo Chávez?).

Y en esas condiciones que son fraude electoral , corrupción electoral pública , el candidato dictador Evo Morales va a concurrir a reelegirse, controlando todo el sistema electoral que ha sido diseñado y es operado fraudulentamente con el único propósito de que Morales gane la elección. Seguramente luego de esta re-reelección Evo Morales operará un cambio constitucional para ser reelecto indefinidamente como lo que ahora mismo esta digitando su colega Rafael Correa en Ecuador, o acaba de digitar Daniel Ortega en Nicaragua.

Una muestra mas de la corrupción electoral es que potenciales candidatos presidenciales o a senadores o diputados, o finalmente electores, por la judicialización de la represión son hoy perseguidos, presos políticos o exiliados políticos. Voy a citar por lo menos cinco nombres de una lista mucha más larga de personas que no pueden candidatearse en Bolivia porque están perseguidos y no forman parte de este proceso electoral porque están criminalizados, están acusados de crímenes inventados por el gobierno dictatorial. El ex presidente Gonzalo Sánchez de Lozada derrocado en octubre de 2003 y perseguido por Evo Morales y su gobierno. El dirigente cívico empresarial de Santa Cruz Branco Marincovic, refugiado en el Brasil. El dirigente político y ex gobernador de Tarija Mario Cossío asilado y refugiado en el Paraguay. El preso político Leopoldo Fernández gobernador no destituido pero detenido desde hace cuatro años con detención domiciliaria en La Paz después de la masacre que el gobierno produjo en Pando. El senador en ejercicio Roger

Pinto asilado en el Brasil, luego de haber permanecido refugiado en la embajada de ese pais en La Paz por más de un año. El ex gobernador de Cochabamba y ex candidato presidencial en la anterior elección Manfred Reyes Villa , perseguido, criminalizado y refugiado en los Estados Unidos.

La organización de las Naciones Unidas para los refugiados ACNUR reportó este año que hay mas de 774 bolivianos como refugiados políticos, además de los asilados no registrados en esa institución. Hay bolivianos exiliados políticos en Brasil Perú, Paraguay, Estados Unidos, España. La pregunta es si con esta forma de corrupción que impide a los ciudadanos concurrir como electores o elegidos por acción del gobierno, pueden las elecciones ser democráticas?

Y están haciendo elecciones limpias y transparentes con observadores internacionales, que no son otra cosa que un ejemplo de corrupción. Cierro el ejemplo del ejercicio de la corrupción electoral y quisiera hacer un poco de hincapié en los minutos que quedan en el hecho de que lo contrario a la corrupción es obviamente la transparencia.

Las dictaduras tienen corrupción de origen y corrupción de ejercicio.

La transparencia quiere decir primero Estado de Derecho, un sistema de leyes por encima de los individuos. Quiere decir procesos públicos , quiere decir responsabilidad de los actores , quiere decir rendición de cuentas , quiere decir sometimiento a la autoridad, quiere decir " *check and balances*" (frenos y contrapesos) , quiere decir libertad de prensa y quiere decir opinión pública, cuanto menos . Transparencia que es lo contrario de la corrupción y el mejor medio de prevenirla y combatirla quiere decir libertad. NO hay transparencia sin democracia.

Por eso cuando hablamos de dictaduras, estamos hablando de una corrupción de origen y de una corrupción de ejercicio. Las dictaduras son corruptas desde el origen, desde el momento mismo que rompen la libertad , la institucionalidad y el Estado de Derecho para perpetuarse en el poder y para concentrar el poder.

Toda dictadura tiene una corrupción de origen, porque al violentar la libertad y acabar con el Estado de Derecho, toman el control de la justicia , someten y persiguen a la oposición, suplantan las constituciones para permanecer indefinidamente en el poder. Nacen violentando la ley y destrozando la democracia en cuyo contexto no pueden sobrevivir.

La corrupción de ejercicio es la del día a día del gobierno dictatorial, la que permite sobrevivir a estos gobierno.

En el ejercicio del poder, la descripción de la corrupción de las dictaduras del socialismo siglo XXI es ilimitada. Simplemente no han dejado –no existe— ningún mecanismo de prevención, de transparencia, de control, de denuncia o de sanción. Cada acto de estos gobiernos es un acto de corrupción, porque se ejerce sobre el fundamento de la ilegitimidad de la ruptura del orden democrático.

No existe ningún resabio institucional de control de los actos de los gobernantes. Las fiscalías, las contralorías generales, los bancos centrales que antes eran independientes, son hoy día una dependencia política del gobierno, como lo son los órganos electorales y todo el aparato establecido en base al estatismo y al centralismo.

La descripción realizada, la ausencia de prensa libre y el sometimiento de la opinión pública permite toda clase de negocios y negociados en los países no democráticos. Incluso si los casos de corrupción llegan a denunciarse no existe posibilidad de ninguna investigacion seria y menos de sanciones o esclarecimientos. Ni hablar de resarcimiento del producto de la corrupción. No hay control.

Algunos ejemplos tomados de la prensa ilustran esta situación: En Bolivia, el satélite que Evo Morales le ha comprado a la China vale 3 veces más que un satélite con doble capacidad que ha comprado el Perú a Francia. Sin hablar de aviones, sin hablar de equipos militares, helicópteros, compas directas, cumbres, regalos y gastos que no tiene fiscalización alguna. La corrupción que se acaba de denunciar en el Ecuador respecto a 6.4 millones de dólares manejados por la embajadora del Ecuador en los Estados Unidos a través de una pequeña empresa en New York, para manejar las relaciones publicas y mejorar la imagen del presidente Correa, y cantidad de casos corrupción que en cada país seguramente será expuesta en el segundo panel. La aparición de nuevos ricos, la aparición de una nueva burguesía. La denominada Boliburguesia en Venezuela, el control de importaciones, los monopolios, las compras de equipos militares, el manejo del PDVSA y los recursos del petroleo, los crímenes de narcotráfico, de lavado de dinero, la vinculación al narco terrorismo y la exposición de nuevos ricos cuya característica es la deseverguenza.

Conclusiones

Algunas conclusiones sobre el asunto tratado:

- La corrupción es inherente a la dictadura, a la concentración total del poder.
- La democracia no solo es el mejor, es el único sistema para luchar contra la corrupción,
- Las dictaduras tienen corrupción de origen y de ejercicio. No son viables ni sostenibles sin la corrupción. La corrupción es esencial a los procesos dictatoriales.
- Los jefes de gobierno de los paises del socialismo del siglo XXI, Castro, Maduro, Morales, Correa, Ortega, aparecen como los jefes —cada uno— de su grupo de corrupción que se han apoderado del poder en sus países y que han destrozado la democracia. Expanden la corrupción por la región.
- Cuanto menos democracia, cuanto más débil sea la democracia, cuanto más amenazada esté la democracia, más corrupción existirá. En cambio cuando exista mayor institucionalidad, mayor libertad de prensa, mayor opinión pública y mayor respeto al Estado de Derecho habrá menos corrupción y más transparencia.
- La corrupción como se ha descrito aquí, podría considerarse inclusive como una situación inherente al ser y a la sociedad humana. Es obviamente algo inherente al poder.
- Lo que hay que hacer para luchar contra la corrupción, es crear el marco de referencia institucional y de opinión pública para luchar contra ella, y el

único posible se da en democracia.

- Planteo que la principal tarea contra la corrupción en América Latina es la recuperación de la democracia en Cuba, Venezuela, Bolivia, Ecuador y Nicaragua.

Muchas gracias.

AMERICAS FORUM
for freedom and prosperity
INTERAMERICAN INSTITUTE FOR DEMOCRACY
Liberty and Democracy
DIARIO LAS AMERICAS
Septiembre 9, Washington D. C.

CORRUPCIÓN Y DEMOCRACIA EN AMÉRICA LATINA
Román J. Duque Corredor[3]

PANEL II
CASOS VENEZUELA

3. Mérida, Venezuela (02.12.1941) Abogado (Universidad Católica Andrés Bello, de Caracas, 1965 y Doctor en Derecho (1977). Consultor Jurídico del Instituto Agrario Nacional (1972-1974). Gerente Legal de Maraven, filial de Petróleos de Venezuela (1974-1979). Consultor Jurídico de la Presidencia de la República de Venezuela (1979-1982). Magistrado de la Corte Primera de lo Contencioso Administrativo (1982-1986). Magistrado de la Corte Suprema de Justicia (Sala Político-Administrativa) (1989-1992). Profesor de postgrado en derecho constitucional (Universidad Católica Andrés Bello, Universidad Central de Venezuela y Universidad Monte Ávila) Doctor Honoris Causa de la Universidad de Los Andes (Mérida, Venezuela, 2004). Profesor Honorario de la Universidad Católica de La Plata (Argentina, 2010) Socio de Hoet Peláez Castillo & Duque desde 1992. Ex Presidente del Colegio de Abogados del Distrito Federal; Miembro de la Comisión Andina de Juristas; Vicepresidente del Instituto Latinoamericano del "Ombudsman". Presidente de la Fundación Alberto Adriani. Miembro de la Federación Interamericana de Abogados.

1

Transparencia administrativa y gobernabilidad democrática.

La ética en el ejercicio del poder público es uno de los principios o valores que debe orientar la política anticorrupción por parte de los diferentes Estados americanos, obligados como están por la Convención Interamericana contra la Corrupción, del 27 de marzo de 1997, de adoptar medidas para prevenir, detectar, sancionar y erradicar la corrupción. Por ello, un marco legal efectivo, la transparencia administrativa, el derecho de acceso a la información en materia de asuntos públicos y su control por órganos independientes, constituyen instrumentos de la práctica anticorrupción por parte de los Estados. Esta práctica o política se inscribe dentro del ejercicio legítimo de la democracia, puesto que, como se reconoce en el artículo 4º, de la Carta Democrática Interamericana, uno de los componentes fundamentales de la democracia es la transparencia de las actividades gubernamentales. Al igual que la Convención contra la Corrupción esta Carta considera la ética como uno de los valores superiores del ordenamiento jurídico del Estado democrático y social de Derecho. No cabe duda, pues, que lo que se conoce como gobernabilidad democrática, tiene en la transparencia y en el control de la corrupción de la gestión pública uno de sus componentes esenciales. Ello implica que en las instituciones democráticas deben construirse mecanismos independientes de información y de comunicación y de inspección de los procesos de las políticas públicas, por lo que ello significa para la formulación de estándares de conducta de ética pública. En otras palabras, que la gobernabilidad democrática es no solo la que evita regresiones autoritarias, realiza elecciones periódicas o lleva a cabo programas de justicia social para reducir los márgenes de pobreza, sino también la que logra la confiabilidad de las decisiones gubernamentales y evita la impunidad, precisamente por los niveles de ética y de buen desempeño que deben presidir esas decisiones y por el funcionamiento eficiente de los órganos independientes de control de la corrupción. Por esta razón, la transparencia, la probidad, la información ciudadana, la rendición de cuentas y la prevención y el control contra la corrupción son determinantes de la honradez, eficiencia, confiabilidad y responsabilidad de las administraciones públicas en una verdadera gobernabilidad democrática.

En concreto, que la transparencia y el control de corrupción es uno de los principios que debe regir la administración de los bienes y recursos públicos y la actuación de los gobernantes, lo cual fortalece la democracia y el buen gobierno, así como la plena vigencia del Estado de Derecho, a través del acceso a la información pública y de la efectiva participación de todas las personas en la toma de decisiones de interés general y en la fiscalización de los actos públicos del Estado. Principios estos, que incluso se recogen en la Constitución de Venezuela de 1999, frente a una realidad que es todo lo contrario.

2
Casos emblemáticos y niveles de corrupción desastrosos.

Cuando la gestión de los gobiernos es caracterizada por casos de corrupción que adquieren características de suprema gravedad, por la forma cómo se suceden, por los personeros gubernamentales envueltos; las sumas y recursos aprovechados o dilapidados ilícitamente; por la ausencia de una legislación efectiva o de su inaplicación y de controles preventivos y correctivos de la mala administración; por su reiteración, o por la indolencia, la complicidad o falta de independencia de los poderes públicos a cargo de esos controles y, por su nexos con el tráfico internacional de drogas o con otros gobiernos o con sectores privados; y por la ausencia de una voluntad política de erradicar la corrupción por parte de los gobiernos, que llega incluso hasta contaminar procesos electorales, puede concluirse que no existe gobernabilidad democrática, o que está seriamente debilitada o afectada.

Esos casos se constituyen en casos emblemáticos del nivel de corrupción existente en un país. Y, que evidentemente sirven para calificar a los países dentro de los índices de corrupción como *"países con niveles de corrupción desenfrenados"*. Por ejemplo, según los últimos Reportes que el Centro de Estudios de la Justicia en América, de la OEA, ha venido elaborando desde el año 2000, en lo que se refiere al control de la corrupción, respecto del sector público, en una escala donde 10 puntos es el grado de país sin corrupción y 0 puntos es la calificación de país corrupto, Venezuela, con el grado de 1.9, puntos, se encuentra entre los países que no superan la marca de 3 puntos. Es decir, dentro de los países con niveles de *"corrupción desenfrenados"*[4]. Calificación en la que coinciden, por ejemplo, Transparencia Internacional, en su tradicional Índice de Percepción

---

4. http://www.cejamericas.org/index.php/informacion-judicial.html

de la Corrupción, el cual señala que solo cuatro (4) de los 20 países latinoamericanos, logran 50 o más puntos, sobre un máximo de corrupción mínima de 100, y que en el *"vagón de la cola"* de los países percibidos como los más corruptos, se sitúa a Venezuela con 19 puntos. Pero el problema tiene una dimensión más amplia, puesto que en el Índice de Percepción de Corrupción (IPC) correspondiente al 2013, publicado por Transparencia Internacional, se ubicó a **Venezuela en el puesto 160 entre 177 países, con un puntaje de 20 sobre 100, como un país con alto grado de corrupción.**

3
Casos emblemáticos de corrupción en Venezuela

Sin seguir un orden cronológico, pero sí de su gravedad, me referiré a los casos más característicos del nivel de corrupción desenfrenado en Venezuela, limitándome simplemente a lo informativo y no a su análisis jurídico, o político. Casos estos algunos de ellos reconocidos como tales por el Estado venezolano, hasta el punto que su Ministerio Público ha anunciado que procederá a su investigación, e incluso que son reseñados en reportes internacionales y nacionales como hechos comunicacionales. Al limitarme a lo informativo procuro que no se me atribuya una percepción personal en la calificación de emblemáticos de corrupción de tales casos.

3.1
Caso Fondo Chino y reventa de bonos argentinos

El Ministerio Público, acusó al ex gerente de operaciones del Fondo Chino de Venezuela, Javier Elías Briceño Scott, por su presunta vinculación **con el desfalco de más de 84 millones de dólares,** que fueron asignados a ese organismo durante los años 2011-2012, con el propósito de desarrollar planes para la producción de alimentos en el país, consistente en desembolsos irregulares de fondos económicos autorizados por el Fondo Chino Venezolano y pagados por el Banco de Desarrollo Económico y Social de Venezuela (Bandes) a las empresas Kelora S.A (22 millones de dólares) y Bismarck Consorcio Traving Corp (6 2 millones de dólares). Recursos estos que fueron desembolsados sin ningún tipo de control. Al presente se han detenido (8) presuntos implicados en el desfalco del Fondo Chino Venezolano, y en declaraciones del Ministro de Interior, Justicia y Paz, Miguel Rodríguez Torres, se reconoce que los involucrados habrían sacado 84 millones de dólares, que estaban destinados a proyectos agrícolas.

Venezuela adquirió entre 2005 y 2008 más de 5.600 millones de dólares en bonos de la deuda pública argentina, a una tasa oficial de 2.150 bolívares, antiguos, y, sin proceso licitatorio se vendieron a terceros en el mercado negro en que la ganancia alcanzó hasta 200%. El periodista y Director del Diario "Tal Cual", Teodoro Petkoff, calificó esta operación de *"El robo del siglo"*, y el economista Orlando Ochoa se refirió a esta negociación como *"el caso de corrupción más grande la historia de Venezuela"*, la cual justificó el gobierno, a través del entonces Ministro de Finanzas, Rafael Isea, diciendo que *"en una subasta no se controla el precio"*[5].

---

5. El Universal, domingo 27 de julio de 2014, Joseph PoliszuK, "Corrupción Importada...Primero Antonini, luego "las coimas" y ahora el arroz... Entre Caracas y Buenos Aires hay una estela de

3.2.

Caso CADIVI

De acuerdo con fuentes oficiales, el Estado sufrió un fraude en la adquisición de divisas de más de 20.000 millones de dólares en 2012, por parte de *"empresas de maletín o fantasmas"*, que fingían operaciones para adquirir la moneda extranjera, lo cual fue reconocido incluso por el Presidente venezolano, admitiendo que CADIVI es la principal ventanilla de entrega de divisas en el país durante años y que había sido *"perforado"* por los delincuentes y que puso en marcha una reorganización completa del sistema de divisas.

La Fiscal General de la República ha ido publicando el nombre de más de 110 empresas que están siendo investigadas por supuestos delitos cambiarios. Lo determinante de este caso, es que la administración de las divisas y su adquisición están totalmente bajo un estricto y absoluto control de por parte del gobierno. En este caso de fraude es sintomático del nivel de corrupción que la asignación de las divisas se hace mediante el sistema llamado SITME, que es manejado directamente por el Banco Central de Venezuela y según el propio Ex Ministro Jorge Giordani en las importaciones del 2012 se defraudaron esos 20.000 millones de dólares, que las corrientes del Partido de Gobierno PSUV, Punta de Lanza y Marea Socialista, lo calificaron de *"desfalco continuado"*.

---

dudas a la sombra de un intercambio que desde 2002 suma 13. 605 millones de dólares"

3.3.
Caso PDVAL de alimentos vencidos y desviados
(Caso PUDREVAL)

En 2010, el Servicio Bolivariano de Inteligencia (Sebin) en Puerto Cabello, Estado Carabobo, encontró 1.196 contenedores con 36.000 toneladas de alimentos descompuestos, que habían sido importados por PDVAL y por lo cual fueron acusados Luis Pulido, expresidente de PDVAL, en la entidad y Ronald Flores, exgerente general de dicha distribuidora de alimentos. Se señaló que en la operación de importación habían participado asesores del gobierno cubano. Pero, este no es el único caso denunciado de corrupción en las redes de distribución de alimentos del Estado. Cinco personas fueron imputadas en julio de 2013, en el Estado Zulia por un desvío de 11 toneladas de mercancía de PDVAL hacia Colombia. Y según un informe de la Contraloría General de la República, en el Programa de Alimentación Escolar (PAE), en 42 planteles educativos en 2012, se detectó malversación de fondos y sobreprecio. Es de hacer notar, que la importación y la distribución de alimentos en Venezuela están en más del 70 % bajo el control del Estado, a través de PDVAL, que es una empresa de PDVSA y de sus centros de acopio y de comercialización. Se ha denunciado que más de 120.000 toneladas de alimentos importados con dólares preferenciales habían sido dejadas pagando flete en los puertos del país. Según el Ministerio Público, se perdieron 2.200 millones de dólares que hubieran servido para comprar más del doble de los productos lácteos que cada año se consumen en el país. Tres años después, el caso es seguido por cinco tribunales y los únicos tres imputados esperan al sexto juez desde sus casas.

3.4.
Caso de Fondos Comunales

El director del área de corrupción del Ministerio Público, Nelson Mejía, declaró, en el 2011, que desde este año se investigan 1.500 casos de presuntas irregularidades en las organizaciones populares llamadas consejos comunales, que están bajo el dominio del partido oficial y cuyos fondos son entregados por el Ministerio del ramo. La Contralora General de la República, Adelina González, informó que 30% de los casos que investigan se refieren a irregularidades administrativas en los consejos comunales relativos a contrataciones de obra no ejecutadas o a empresas fantasmas o de sobreprecios, y al pago de activistas políticos.

3.5.
Caso de Sobornos por empresas extranjeras

El Departamento de Justicia y la Comisión de Valores e intercambios de los Estados Unidos inició en el 2010 investigaciones por irregularidades a empresas estadounidenses establecidas en Venezuela, de acuerdo con la Ley de Prácticas Corruptas en el Extranjero, con el fin de sancionar sobornos cometidos en el exterior para la obtención, la prolongación de negocios, así como para "cualquier otra ventaja inapropiada". Tres firmas de EEUU fueron sometidas a investigaciones vinculadas a sobornos en contratos con el sector petrolero venezolano. Entre las firmas investigadas, figura la compañía de perforación Pride International Inc., la filial local de la alemana Siemens, por cuanto funcionarios venezolanos habrían sido sobornados con pagos a cuentas en EEUU para garantizar el apoyo político a los proyectos de la firma europea en el país.

Un caso emblemático, que espera por sentencia en Connecticut, es el del banquero venezolano-estadounidense Francisco Illaramendi, quien estableció un esquema Ponzi, de una operación fraudulenta de inversión de pago de intereses con 500 millones de dólares provenientes de Fondos de Ahorro de Trabajadores y Jubilados de PDVSA, del cual era su administrador designado por esta empresa estatal, y cuya investigación reveló sobornos a ejecutivos de esta empresa petrolera y a un exejecutivo de la petrolera. En Venezuela, la Fiscalía desestimó el hecho. El empresario Francisco Illaramendi se declaró culpable de estafa, que se calcula en 540 millones de dólares del referido fondo de pensiones. La empresa estatal PDVSA es la responsable de los movimientos bancarios registrados en los fondos de los pensionados y por ende de su control y supervisión.

Otro caso es el del Banco de Desarrollo Económico y Social de Venezuela (Bandes), por el que son investigados Thomas Alberto Clarke Bethancourt y José Alejandro Hurtado, de la Casa de Bolsa Direct Access Partners de Nueva York, que fueron señalados en 2013 por su vinculación con las irregularidades en la intermediación de bonos del Bandes, y en la cual María de los Ángeles González, vicepresidenta de este Banco, fue imputada por recibir los sobornos.

3.6
Caso Guido Antonini Wilson y de corrupción en importaciones argentinas

Guido Antonini Wilson apareció el 4 de agosto de 2007 en Buenos Aires con casi 800.000 dólares, quien viajaba en un avión de PDVSA, con funcionarios venezolanos y argentinos, con maletas de dinero en efectivo sin ningún tipo de registro fiscal. Posteriormente, Antonini apareció en Miami como testigo protegido de un juicio, en el que declaró que la famosa "valija" era una de varias que sumaban 5 millones de dólares, que estaban destinados para la primera campaña presidencial de Cristina Kirchner. La Fiscal Luisa Ortega Díaz advirtió que lo revelado en Estados Unidos no tenía incidencia en Venezuela y el Contralor, Clodosbaldo Russián, prometió investigar los hechos. La Asamblea Nacional se negó investigar este caso de ilícito cambiario y de tráfico de influencias. En Estados Unidos se enjuiciaron a socios de Antonini, mientras que en Venezuela y Argentina no se inició o no se concluyó ninguna investigación. El Fiscal Thomas Mulvihill declaró que el dinero iba para la campaña de Cristina Fernández.

Años después, el embajador argentino, en Venezuela entre 2002 y 2005, Eduardo Sadous, el 20 de abril de 2010, denuncio cobro de comisiones entre 15% y 20% en los intercambios comerciales de los convenios bilaterales entre los dos países, que fueron investigados por el Juez Federal Julián Ercolini, y que determino un demanda del Ministro de Planificación argentino Julio De Vido contra el embajador, pero la justicia argentina ordenó seguir con la investigación[6]. Recientemente, asociaciones de la Federación Nacional de Entidades Arroceras y la Cámara de Industriales Arroceros de Entre Ríos denunciaron ante el Ministerio de

---

6. El Universal, del domingo 27 de julio de 2014, Joseph PoliszuK, "Corrupción Importada...Primero Antonini, luego "las coimas" y ahora el arroz... Entre Caracas y Buenos Aires hay una estela de dudas a la sombra de un intercambio que desde 2002 suma 13. 605 millones de dólares"

Agricultura de Argentina sobreprecios cercanos al 30%, en exportaciones de 80.000 toneladas de arroz a Venezuela por una empresa desconocida en el sector arrocero, por un total de 23 millones de dólares[7].

3.7.
Caso Plan Bolívar 2000

El gobierno de Hugo Chávez llevo a cabo programas sociales que ejecutó la Fuerza Armada Nacional, llamado Plan Bolívar 2000, que se extendió por más de tres años en donde aparecieron facturas enmendadas y cheques pos datados y cobrados en efectivo bajo las órdenes del general Melvin López Hidalgo. La Contraloría emitió un informe en que determinó varios ilícitos, pero Chávez salió en defensa de los involucrados, diciendo que: "A lo mejor es una falta administrativa que requiere una multa (...) pero no es para prender el ventilador".

3.8
Caso Central Azucarero Ezequiel Zamora

En la construcción del Complejo Agroindustrial Azucarero Ezequiel Zamora se detectaron cheques clonados, nóminas infladas y partidas desviadas para la remodelación de la sede del Comando Maisanta, en Sabaneta de Barinas. La Comisión de Contraloría de la Asamblea Nacional determinó un daño de 3,3 millardos de bolívares y señaló como responsables a oficiales militares superiores y funcionarios como el entonces Ministro de Agricultura y Tierras, Antonio Albarrán. El proyecto fue bandera de la

7. Diario "El Clarín" (http://www.clarin.com/politica/sospechas-corrupcion-negocios-Venezuela_0_1169883059.html)

transformación del campo, pero sobre el cual se hicieron varias denuncias de corrupción que originalmente involucraron a asesores cubanos, pero, sin embargo, el Gobierno finalmente aprobó más recursos para terminar la construcción y no se concluyó enjuiciamiento algo en contra de los responsables, salvo de algunos pocos oficiales, cuyo proceso no ha concluido.

3.9
Caso Makled y narco tráfico

En el 2007 circuló una carta del Ministro de la Defensa, Raúl Badell, quien en el 2010 fue condenado a 8 años de prisión por un supuesto desfalco, solicitando al Presidente Hugo Chávez una investigación porque habían elementos que vinculaban al General Henry Silva, quien después ocupó el mismo Ministerio, y al Coronel Pedro Maggino, con un cargamento de 2.2 toneladas de cocaína procedente de la FARC y que se había guardado en un Cuartel de la frontera con Colombia y que cuando fue interceptado era transportado en un convoy militar. Según el Ex Magistrado Eladio Aponte Aponte, de la Sala Penal del Tribunal Supremo de Justicia, hoy protegido en Estados Unidos, como colaborador de la DEA, Chávez no acordó ninguna investigación sino que además intervino ante los tribunales para que se escondiera la denuncia. Walid Makled apareció en 2009 de tercero en la lista de narcotraficantes más buscados por la Casa Blanca, a quien autoridades militares y del Tribunal Supremo de Justicia le otorgaron carnets y el Gobierno del Estado Carabobo concesiones y contratos. Makled fue apresado en 2010 en Colombia, desde donde acusó a varios ministros y a 15 generales por corrupción, de contrabando de armas para la guerrilla colombiana y tráfico de estupefacientes. Según las declaraciones del Ex Magistrado Aponte Aponte publicadas en un affidavit, otorgado en Costa Rica, no se trataba de un caso aislado sino de una planificación que hacía ver la existencia de una red de narcotráfico con oficiales militares. En su declaración este Ex Magistrado, quien había sido Coronel, señaló que había estado presente cuando el Director de Inteligencia Militar (DIM), presentó su informe semanal al Presidente sobre el tráfico de drogas y su vinculación con militares y denominó al General Cliver Alcalá, Comandante de la División Acorazada, como *"zar de la droga"*, y que con él colaboraba el Director de la Oficina Nacional Antidroga, el Coronel Néstor Reverol. La organización Human Rights Foundation, en carta del 27 de septiembre del 2012, considero graves las denuncias de Aponte Aponte y solicitó de la Relatora Especial sobre la Independencia de Magistrados y Abogados de la ONU, que investigara su propia confesión de que como Magistrado del Tribunal Supremo de Justicia había estado involucrado en hechos concretos de manipulación de la Justicia por parte del Poder Ejecutivo. La Fiscalía General de la República calificó de "delirios" las denuncias del Ex Magistrado Aponte Aponte y afirmó que no las investigaría.

A los casos anteriores se agrega el del General Hugo Carvajal, Ex Director de Inteligencia Militar, a quien la Fiscalía del Distrito Sur de Nueva York, acusa que alrededor del 10 de abril de 2006, coordinó el transporte de aproximadamente 5.600 kilogramos de cocaína desde Venezuela a México. Y la Fiscalía del Sur de la Florida acusó también a este General y a otros militares de altos cargos de asistir en las operaciones en Venezuela del Cartel del Norte de El Valle, particularmente del narcotraficante colombiano Wilber Arillo Varela, conocido como "Jabón", que apareció muerto en el 2008, en la Ciudad de Mérida. Carvajal fue arrestado en Aruba el 23 de julio bajo pedido de las autoridades estadounidenses, pero fue liberado, luego que el Gobierno de Holanda determinara que Carvajal, quien previamente había sido nombrado cónsul de Venezuela en la Isla de Aruba, de las Antillas Menores, pero que no había recibido el placet del Reino de los Países Bajos para ejercer el cargo, contaba de todos modos con la inmunidad diplomática. Sin embargo, el Gobierno holandés lo expulso de Aruba. Igualmente el empresario Walid Makled, acusado de ser el dueño de un cargamento de 5 Toneladas de drogas descubierto en México, en varias de las entrevistas que dio a la prensa en el 2010, cuando estuvo preso en Colombia antes de que fuese extraditado a Venezuela, declaró que altos funcionarios del chavismo, incluyendo a Carvajal, eran quienes manejaban la logística de los envíos El avión que llevaba el cargamento aterrizó el 10 de abril del 2006 en la Ciudad del Carmen, México, tras declarar una emergencia cuando se dirigía a Toluca. Según informes de la prensa, las autoridades mexicanas entraron en sospecha que algo raro estaba pasando con el vuelo, ya que el avión había salió de Venezuela rumbo a México pero al cumplirse una hora de vuelo la aeronave regresó debido a una supuesta falla, pero al poco tiempo ratificó nuevamente su plan de vuelo hacia México. Las sospechas de las autoridades aumentaron después que el avión aterrizó en Ciudad del Carmen, cuando personal del aeropuerto trató de impedir el acceso de los agentes de la aeronave, argumentando que presentaba una fuga de aceite y existía el peligro de que estallara. Las autoridades estadounidenses eventualmente llegaron a la conclusión de que la droga pertenecía a la organización de Makled, pero este empresario en las entrevistas que brindó expresó que funcionarios venezolanos estaban implicados en los envíos, y declaró al Diario La Verdad, que se le acusaba haber sacado un Avión DC-9, con 5 toneladas de cocaína hacia México, desde el Aeropuerto Internacional de Maiquetía, de la rampa presidencial, y, señaló, que de ser verdad lo que se imputa, ¿ cómo pudo haberlo hecho solo?, y afirmó también , en una entrevista en Colombia, que Carvajal formaba parte de la operación.

3.10
Caso de corrupción por ventajismo electoral.

El Rector del Consejo Nacional Electoral, Vicente Díaz, en declaraciones del 27 de marzo del mismo año, describió el proceso y la campaña eleccionaria presidencial de abril 2014, de *"grosera y descarada"*, por el ventajismo electoral estructural y coyuntural que ejerció el gobierno, y señaló concretamente el uso y abuso de los recursos públicos, petrodólares, bienes públicos y la participación de funcionarios del Estado, en los gastos de campaña de transporte, y en afiches, movilización, actos, anuncios de radio y TV, así como para promesas y prebendas demagógicas, como las donaciones de electrodomésticos, la inauguración de obras, los subsidios y servicios sociales. Así como por el control de todos los poderes del Estado por el gobierno, que le permitió modificar las reglas electorales a su favor y que no obstante la no juramentación de Hugo

Chávez para su nuevo término presidencial, el régimen logró imponer una figura inconstitucional de la *"continuidad administrativa"* para asegurar la permanencia indebida de Nicolás Maduro, primero como Vicepresidente, y luego como presidente a cargo y candidato para las elecciones. Denunció igualmente, la manipulación y abuso de los medios de comunicación social del Estado. El Rector Vicente Díaz afirmó que este ventajismo electoral viola preceptos constitucionales y constituye actos graves de corrupción, y que sin embargo, no son sancionados por el Consejo Nacional Electoral, ni por la Contraloría General. Es decir, que el ventajismo electoral en Venezuela se inscribe dentro de los casos de falta de transparencia democrática, que el Profesor y politólogo, Luis Salamanca, calificó de *"ventajismo electoral institucionalizado"*, en el Seminario Internacional "Campañas Electorales: una mirada comparativa en el hemisferio", realizado en Caracas el 15 de noviembre de 2012, cuyos trabajos fueron la base para la publicación del Libro " *Campañas Electorales, ventajismo y reelección presidencial en América Latina"* , publicado por The Carter Center y Editorial Alfa, del que sus editores fueron Francisco Alfaro Pareja y Héctor Vanolli. En este Seminario se concluyó que *"la democracia no es votar, sino votar con garantías"*.

4
Reflexión Final

Históricamente sería una irresponsabilidad decir que antes de 1999 en Venezuela no había corrupción. Lo cierto es que existieron también casos como los de enjuiciamientos de expresidentes y exministros y de banqueros, por hechos de corrupción que fueron considerados graves y por los que fueron condenados. Tampoco faltaron críticas a la impunidad y lenidad para otros casos. Pero también es cierto que no llegaron a alcanzar grados tan extremos de gravedad y de tanta reiteración, como de impunidad, en estos 15 años, como lo han señalado incluso organismos internacionales, de los cuales son algunos ejemplos los casos reseñados en esta exposición. La reflexión con la que termino es la de que una verdadera democracia no existe si *"la corrupción de los pueblos nace de la indulgencia de los Tribunales y de la impunidad de los delitos"*, y porque *"la destrucción de la moral pública causa bien pronto la disolución del Estado"*, según el certero pensamiento del Libertador Simón Bolívar. Por ello, declaraciones atribuidas a la diputada Aurora Morales del PSUV, partido de gobierno de Venezuela, de que *"el pueblo no está interesado en saber de los dólares robados"*[8], es síntoma de esa disolución del Estado por el deterioro de la ética pública en el régimen del presente gobierno venezolano.

Washington, 9 de septiembre de 2014.

---

8. https://twitter.com/LucioQuincioC/status/489052227256860672

Panamanian league agains impunity and corruption
(LIGA PANAMEÑA CONTRA LA IMPUNIDAD Y LA CORRUPCION)

Ambassador Eduardo Vallarino

There is a huge scandal in Panama because of mounting evidence of huge corruption during the last administration. As an example, today the most prestigious newspaper in Panama, La Prensa indicates in its front page that some 1.2 billion dollars expenses are mostly unexplained in just one of the government agencies, the PAN (National Assistance Program). Apparently most of this money was funneled to official candidates during the just-past election.

There are almost daily new allegations of wrong doing and corruption amounting to staggering numbers in this small country of only 3.5 million inhabitants. Some refer to gross over charges in governmental projects that were assigned without a transparent bidding process and were executed without due control and supervision of the government.

The general population is aware and has hopes although not high expectations that some justice will be done. Mostly hopes but not expectations because the lack of confidence in the judicial system and the suspicion that even some of the members of the new administration, (specifically in in the Congress) may have benefited by corruption during the last elections. The confidence in the democratic system is also severely questioned.

In addition to this situation, Panama, as many other Latin American countries shows a deep imbalance on the distribution of income among its population. Although the country has enjoyed a very high rate of economic growth in the last decade, the economic development has not kept the same pace and there is still a substantial percentage of the population that lives in poverty. If not corrected soon it may lead to catastrophic consequences in the system of governance, as it is going on in several other Latin American countries.[19]

But there is hope indeed. The organized civil society in Panama has joined in taking the initiatives to push for due processes of investigation and personal accountability of the members of the past administration. More than twenty independent civic society organizations have joined in the newly created Panamanian League Against Impunity and Corruption (the League).

The League is currently working on pushing for the necessary legal changes in Panama and eventually in the region. We believe that a significant part of the problem lies in the current legal framework, which was passed on the basis of Constitution of 1972 enacted during the military dictatorship. These laws are planned to obstruct

---

9. Crime is contagious. If the government becomes a law breaker it breed contempt for the law; it invites every man to become a law unto himself. Justice Louis Brandeis

prosecuting any of the highest echelons of the three branches of government, besides the fact that there is not a true separation of powers in Panama. Still the president can easily manipulate any legal or judicial process.[10]

Changing the legislation also requires including new laws, which respond to recent trends in our trade and economic partners, such as the United States. A good example is our urgent need for a Panamanian version of the Foreign Corruption Practice Act.

We hope our success takes us to a step above, so we can aspire in the future for the creation of an International Anti-Corruption Court[11], in the manner of the International Court for Human Rights to avoid quiet complicity of other nations.

---

10. "In many nations lawmakers enact legislative immunities that prohibit investigations unless the Parliament itself authorizes them" Judge Mark L Wolf

11. Judge Mark L Wolf

Las miserias de la justicia boliviana

Jorge J. Valda Daza
Abogado Boliviano

Al igual que en toda América Latina; la debacle de la administración de la justicia se caracteriza por la retardación de justicia, corrupción, impunidad y falta de recursos económicos; pero a diferencia del resto de la región, la justicia en Bolivia se ha convertido en el más peligroso instrumento de persecución política al servicio del Poder Ejecutivo, perdiendo por completo su independencia e imparcialidad.

El sistema penal en Bolivia ha alcanzado en los últimos años la más profunda y enraizada crisis; en el que la detención preventiva, como medida cautelar se convirtió en un anticipo de una pena; la presunción de culpabilidad ha remplazado a la presunción de inocencia, la falta de acceso a la justicia, y la aplicación retroactiva de la ley, son los comunes denominadores para sostener que la Justicia Penal en Bolivia no existe.

La Constitución Política del Estado en Bolivia, establece que la sociedad civil organizada ejercerá el control social a la gestión pública en todos los niveles del Estado incluyendo la *justicia*, empero, esta labor se ha tornado poco más que imposible, ello debido a que quienes en algún momento intentaron ejercer esta labor, hoy en día están obligados a permanecer fuera de las fronteras en Bolivia, o si permanecen en mi país en prisión.

Los medios de comunicación social como un legítimo mecanismo de fiscalización al interior de la democracia, han perdido la objetividad e imparcialidad producto de la intimidación, amenazas y el riesgo de apresamientos o persecuciones a periodistas y empresarios propietarios de los medios de comunicación, que han permitido que la gran mayoría de los medios de comunicación masiva que no condicen que la forma de gobierno, sean hoy serviles a la información que se brinda al colectivo social, dejando de lado su labor investigadora para convertirse en un medio de propaganda política del gobierno.

Producto del miedo insuperable y la dictadura disfrazada de democracia, la Contraloría General del Estado, el Poder Legislativo y más aún el Poder Judicial; lejos de limitar, fiscalizar o supervigilar el manejo del poder o de los recursos económicos, son los mecanismos de legalización de las acciones gubernamentales, que sin ser legítimas, en franca violación a derechos y garantías de la colectividad, permiten el abuso, la arbitrariedad y falta absoluta de seguridad jurídica en Bolivia; al punto que las personas que llegaron a denunciar, reclamar o simplemente no compartir la visión política del gobierno de turno, fueron perseguidas, torturadas, apresadas u obligadas al exilio.

El Alto Comisionado de las Naciones Unidas para los Refugiados (ACNUR), señala que hasta enero de 2014 había cerca de mil bolivianos exiliados. Mientras que para el partido de Gobierno es un grupo de prófugos de la justicia, en la realidad es una prueba contundente de la falta de independencia del Poder Judicial, la inseguridad jurídica y la manipulación de la justicia con fines políticos.

La justicia en Bolivia ha demostrado que importantes autoridades de Estado, siendo grandes sospechosos de importantes actos ligados al narcotráfico, la extorsión, la corrupción y el verdadero terrorismo de Estado, hoy en día se encuentran en la absoluta impunidad, gozando del apoyo gubernamental, ocupando importantes cargos que les permiten no someterse a la justicia y emplear ese mismo poder en contra de quienes los denuncian.

En los últimos años, desde el Gobierno de Morales, existe un sinnúmero de casos de persecución política, todos caracterizados por la falta de garantías para un debido proceso. El nombramiento de autoridades posesionadas ex profesamente para obedecer órdenes gubernamentales, la participación de representantes del poder ejecutivo destinados a la extorsión y una reforma legislativa tendiente a desconocer los Derechos Humanos, son algunos de los competentes más notorios de la persecución política en Bolivia. Entre los casos más llamativos y sobresalientes se puede mencionar los siguientes:

En el montaje gubernamental llamado "caso terrorismo" es bien sabido que en Bolivia no se ha dado como tal un acto terrorista, pero si se ha presentado, la mejor excusa para la persecución de los líderes de las regiones opositoras, sobre todo de la ciudad de Santa Cruz, a quienes con la amenaza de incluirlos como terroristas o financiadores al terrorismo, se les ha extorsionado, apresado y perseguido; pese a que es de conocimiento público que el gobierno borró y manipuló las filmaciones del operativo (que muchos le llaman hoy en día una masacre), soborno con miles de dólares a su "testigo clave", que hoy en día se ha convertido en un acusado más tras revelar la verdad de los hechos y declarar que nunca hubo como tal un acto de terrorismo. Los abogados del Ministerio de Gobierno, constituidos en este caso como parte querellante, actuaron como una verdadera organización criminal extorsionando a los sospechosos. Luego de que esta banda se encontrase al descubierto, no quedo más opciones al Gobierno que encarcelar a sus propios agentes, quienes meses más tarde revelarían que el llamado "caso terrorismo" no es más que un montaje para perseguir a los detractores políticos. El mismo fiscal Marcelo Soza, principal acusador en este caso, se dio a la fuga tras ser descubiertos sus múltiples actos de extorsión, hoy en día refugiado en Brasil, al haber perdido el respaldo del Gobierno envía múltiples cartas donde afirma que el caso terrorismo, uno de los principales juicios en Bolivia promovidos por el Gobierno, es un flagrante montaje para perseguir y amedrentar y de este modo librarse de sus detractores. Pese a la contundencia de la prueba que demuestra la manipulación del caso, el juicio continúa con cerca de 50 personas detenidas aún por este caso.

Otro de los más escandalosos casos de manipulación de la Justicia y montaje probatorio, es el referido al ex gobernador del departamento de Pando, Leopoldo Fernández, quien fue acusado de asesinato y terrorismo de un enfrentamiento promovido y auspiciado por las más altas esferas del poder público. A título de marcha reivindicatoria, se entregaron armas a los campesinos para confrontar a los opositores de la región amazónica boliviana y generar una verdadera masacre con muertos y heridos; que dio como resultado más de una veintena de personas opositoras al gobierno detenidas, y más de un centenar refugiadas en el Brasil. Los verdaderos autores de este enfrentamiento se encuentran en total impunidad.

Hoy en día se suspende a gobernadores y alcaldes opositores no con una sentencia condenatoria, sino con la causa penal admitida con meros indicios de responsabilidad penal promovida naturalmente por las autoridades judiciales y fiscales del oficialismo.

La instrumentalización del poder judicial alcanzó a los líderes opositores de toda Bolivia. En La Paz, al ex vicepresidente Víctor Hugo Cárdenas, su casa fue saqueada y asaltada por grupos afines al Gobierno del MAS y su familia golpeada y torturada. Estos hechos de violencia permanecen en la impunidad. El alcalde de La Paz, Luis Revilla, los candidatos a la Presidencia Samuel Doria Medina y Juan del Granado, tienen más de una decena de juicios. El senador de Pando, Róger Pinto enjuiciado por delitos políticos, permaneció cerca de dos años refugiado en la embajada del Brasil en la ciudad de La Paz, y ante la no otorgación de un salvo conducto fue extraído clandestinamente del país por miembros de la diplomacia brasilera y hoy permanece asilado en el Brasil.

En Tarija, el gobernador Mario Cossío, suspendido ilegalmente de su cargo, perseguido por más de una veintena de procesos penales, actualmente con asilo político en Paraguay; a diferencia de sus colaboradores privados de libertad a la espera de juicio. En Sucre, el alcalde Jaime Barrón, obligado a renunciar de su cargo por el acoso judicial que también sufre la exgobernadora y líder indígena opositora Savina Cuéllar, quienes están en detención domiciliaria por más de dos años. En Beni, el ex gobernador y actual candidato a la vicepresidencia Ernesto Suárez, enfrenta más de una decena de juicios penales, arraigado en Bolivia, obligado a dejar el cargo. En Cochabamba, el exdiputado Arturo Murillo y la miembro del Consejo Municipal Ninoska Lazarte, se enfrentan hoy a la persecución judicial. El Candidato a Senador Mario Orellana, quien presentó un audio con la voz de Evo Morales afirmando que la organización del llamado "G 77 más China" fue sólo una excusa para hacer campaña política; fue detenido a los dos días de presentar el audio. En Santa Cruz, el gobernador Rubén Costas y varios de sus colaboradores enfrenta varios juicios penales con las mismas características de los anteriores. Del mismo modo, el líder cívico Branko Marinkovic fue obligado al exilio ante la probabilidad de un nuevo rival político.

Es incontable el número de presos y perseguidos políticos que hoy existe en Bolivia, la inseguridad gobierna ante la total falta de independencia del poder judicial.

Uno de los casos de mayor trascendencia y relevancia a nivel internacional inclusive, fue la persecución política de la que fue víctima el empresario boliviano HUMBERTO ROCA, quien ha sufrido en carne viva las consecuencias de la corrupción en Bolivia.

Siendo él un existo empresario y presidente de la compañía aérea AEROSUR, interpuso una denuncia ante el Ministerio de Transparencia contra la línea aérea estatal BOA (Boliviana de Aviación) y sus ejecutivos, por actos de corrupción, amparado en la reciente aprobada Ley de Lucha contra la Corrupción (la misma que paradójicamente protege a los denunciantes) pidiendo se investigue a la reciente inaugurada compañía estatal.

A raíz de esta denuncia, iniciaron más de una decena de procesos penales por delitos de desacato, enriquecimiento ilícito, defraudación tributaria entre otros; todos ellos promovidos por el Ministerio de Transparencia en clara contravención a su propia ley que les obligaba a las autoridades a proteger y precautelar la seguridad de los denunciantes, no a perseguirlos, amenazarlos y procesarlos.

En dicho proceso, sin contar con elemento investigativo alguno, se amplía la investigación en contra de todos los miembros de la familia de Roca, incluyendo su esposa, hermanos, hijos (hasta un menor de edad). Se dispone también la incautación de todos los bienes de su familia. Pese a no existir elemento probatorio alguno en su contra, y con la intención clara de juzgarlo a cualquier costo, en Bolivia fue extorsionado por fiscales a cambio de no encarcelar a su familia. El año 2010, por el debilitamiento de su salud y la seguridad de su familia, Humberto Roca dejó Bolivia y vino a radicar a los Estados Unidos. Los grupos de poder del gobierno lograron llevar a la quiebra su compañía aérea en menos de 2 años para dejar en completo monopolio a la aerolínea estatal.

Mientras que en Bolivia los procesos suman y siguen, los bienes incautados como los más de 60 vehículos perdieron por completo su valor y los inmuebles de su familia se encuentran incautados, desvalorizados y prácticamente expropiados. En el delito de enriquecimiento ilícito que se le juzga se le presume la culpabilidad, la carga de la prueba pesa sobre el imputado y pretende juzgársele retroactivamente, aplicando la ley de corrupción del año 2010 para hechos acaecidos más de dos décadas atrás desconociendo completamente sus derechos humanos, poniendo en riesgo su propia vida, al pretender detenerlo en la ciudad de La Paz, cuando por la altura, ya se hizo conocer a las autoridades competentes que eso podría poner fin a su existencia.

El año 2013, el Jefe Nacional de lucha contra la corrupción en Bolivia, el Mayor Fabricio Ormachea se traslada en dos oportunidades a los Estados Unidos con la finalidad de reunirse con Humberto Roca y extorsionarlo a cambio de que no se involucre en el proceso a su madre (mujer de más de 75 años de edad). Ante la extorsión, Roca informa al FBI quienes en un operativo detienen al policía en acto flagrante de extorsión, quien revela y confiesa los numerosos actos de corrupción en los que está involucrado el Gobierno del Presidente Evo Morales y sus más altos colaboradores. Este ciudadano es condenado por un jurado en los Estados Unidos, quien finalmente reconoce haber cometido el delito, reconoce que investigó y procesó a gente inocente como HUMBERTO ROCA por órdenes del gobierno y siguiendo instrucciones. Quien fuera el "zar" de la lucha contra la CORRUPCIÓN hoy cumple su pena de prisión en el Estado de La Florida por hechos de corrupción, junto con quien fuera años atrás el "zar" de lucha antidroga, preso también en los Estados Unidos. Como el policía extorsionador fue apresado, su madre fue imputada en el proceso penal en el que inclusive se solicitó su detención preventiva. !La amenaza se cumplió!

El único "delito" cometido por HUMBERTO ROCA fue denunciar hechos de corrupción en el Gobierno de

Morales. Este acto le costó su empresa, la tranquilidad de su familia, la salud de su madre, el riesgo para su propia vida. Un precio demasiado alto que tuvo que pagar al igual que muchos otros ciudadanos bolivianos desterrados, obligados al exilio, donde se perdieron bienes materiales, se dejó atrás una vida, se separaron incontables familias sólo por el vicio desmedido del control absoluto del poder.

Pese a que Roca no se encuentra en Bolivia, él continúa siendo juzgado en rebeldía pese a la prohibición internacional que impide el juzgamiento de una persona antes de ser oída en un debido proceso; en Bolivia es obligación de los jueces en los casos de lucha contra la corrupción, proseguir las causas e inclusive imponer abogados de oficio, como en el caso de *Humberto Roca*. Pese a que acudió ante todos los organismos de protección y tutela de derechos en el orden interno, Roca no encontró ninguna respuesta favorable que le permita mínimamente, sentirse protegido, ya que una de las más importantes muestras de que la persecución es política y él es el "enemigo" del Gobierno, es que la embajada de Bolivia en los Estados Unidos, ni siquiera quiso validar la otorgación de un poder para que el hijo menor de edad de Roca pueda salir del país, sino que tuvo que hacerlo clandestinamente y con ayuda de la diplomacia Brasilera para reunirse nuevamente con sus padres. A ese punto llegan las miserias de la Justicia en Bolivia que salpica a todas las instituciones y se convierte en lineamiento obligatorio "el hacer la vida imposible al enemigo de los intereses políticos del Gobierno".

Los jueces, fiscales y policías actúan en función al temor que sienten a una posible represalia, o en función a la necesidad de satisfacer sus propias ambiciones personales o las de terceros. !La justicia en Bolivia nunca ha sido perfecta, pero nunca antes había sido tan peligrosa, tan dañina, tan miserable!

La reforma constitucional y legislativa de los últimos años en Bolivia es un fracaso. La elección directa de los principales jueces del país era un experimento que ninguna otra nación había realizado y como era de esperarse fomentó únicamente la politización de la Justicia, pese a que el 60% de la población había rechazado esta elección votando blanco y nulo.

El manejo político de la justicia que practica el actual Gobierno para perseguir a quienes piensan distinto, se oponen a él o pueden constituir una alternativa de poder, es el resultado del sometimiento humillante al cual hoy se redujo a la justicia y sus representantes.

La improvisación generalizada de sus instituciones y la realidad que miles de usuarios deben vivir y soportar día a día en la burocracia de *tribunales no es nada frente a la ausencia absoluta de un verdadero poder judicial en Bolivia*. Es probable que actualmente estemos viviendo la peor época de la "democracia" o su versión más desgastada haya llegado a muchos países de Latinoamérica. Hoy, como hace más de 30 años y en dictadura militar, el Poder Judicial es incapaz de limitar el poder del Estado, de regular el poder punitivo o de brindar garantías a los ciudadanos frente a los actos de abuso de poder.

La falta total de valores por quienes dirigen las instituciones en nuestro país, así como la insostenible posición de funcionarios sobre sus obligaciones políticas está reflejada en el manejo irracional del Poder Penal, contrastando con la absoluta impunidad de ciertos sectores, personas e instituciones.

El llamado "proceso de cambio" del presidente Morales, sin duda ha llegado a la justicia, pero en forma de retroceso, sumisión y estancamiento. Lejos de asentar sus bases en un sistema garantista de protección de derechos, se ha convertido en un sistema inquisitivo, donde se permite el juzgamiento en rebeldía, la incautación de los bienes ante la mera presunción de culpabilidad, y se permite la detención indefinida, entre otras de sus más grandes características.

A modo de conclusiones podemos sostener que Bolivia se adscribió a la denominada corriente del Derecho Penal del Enemigo, donde el enemigo es todo aquel que piense distinto, que haga conocer su opinión o que se constituya como un potencial contendiente político. Estos elementos son suficientes para descalificarlo como ciudadano y considerarlo únicamente como un agente de peligro.

Esta forma de hacer justicia en Bolivia es contraria a todos los principios básicos que rigen la normatividad, y son contrarios también con la mayoría de las declaraciones internacionales de Derechos Humanos. Esta forma de hacer Derecho es propia de un régimen totalitario.

El sistema judicial boliviano rompe con el principio de igualdad y de humanidad, ya que retrocedimos en cuanto a la importancia de normativa garantista y legislativamente nos encaminamos a un derecho sin garantías, sin soluciones y sin "derecho".

En Bolivia, la protesta contraria al oficialismo, los nuevos liderazgos regionales, las demandas reivindicatorias, y una disconformidad generalizada a nivel nacional, consolidaron la grave crisis social traslucida en el ámbito jurídico para desarticular todo tipo de organización política o no política contraria a sus intereses. La persecución, el procesamiento y el apresamiento indebido y con fines políticos es una nota constante del presente gobierno, que ejerce el poder en base al miedo, la extorsión y el uso arbitrario del poder judicial. Nos encaminados a una democracia totalitaria, parte de un Estado absolutista, que no respeta ni reconoce derecho individuales, ello por los afanes de perdurar indefinidamente en el poder. La falta de independencia del poder judicial, la corrupción, la impunidad, la existencia de "mafias organizadas" que manejan jueces y fiscales, extorsión institucionalizada; son algunos de los componentes permanentes de una de las peores versiones de la Justicia Boliviana, que sin temor a equivocarnos podemos sostener que eso "NO ES JUSTICIA".

LA CORRUPCIÓN EN ECUADOR

Dr. Jorge Zavala Egas

Tenemos, todos los latinoamericanos la obligación de replantearnos cuál es la democracia que queremos porque varios ejemplos nos demuestran que la separación de poderes es vital y es una técnica fundamental para alentar la democracia, para desarrollarla y, precisamente, es el Poder Judicial el que nos debe garantizar una democracia sin corrupción. Esto determina que no podamos albergar esperanza cuando el Poder Judicial, como en los casos de Bolivia, Venezuela y Ecuador, es una parodia de poder por estar totalmente sometido.

En el Ecuador el socialismo del siglo XXI comenzó por des institucionalizar el país. Es decir, aspiraba el acercamiento del gobierno en forma directa con la masa, sin instituciones intermedias, llámense partidos políticos, llámense sindicatos, llámense cámaras de la producción, llámense asociaciones , estos tenían que desaparecer y el gobierno los despareció.

Pero eso va acompañado del embate contra los medios de comunicación privados ¿por qué? Porque ese acercamiento del "Gran Hermano" con el pueblo, del "Único" con el pueblo, solamente se puede lograr con la difusión masiva de la información y de la saturación cotidiana de la comunicación. En el Ecuador se lo logró también. Se ganó la batalla contra el gobierno, en el Ecuador, sólo en un caso: el del diario "El Universo" y esto gracias a la cautelar de la Corte Interamericana de Derechos Humanos, no gracias al Poder Judicial ecuatoriano , ni gracias al ejecutivo sino por una medida cautelar de la justicia internacional.

Pero esa guerra hizo sentir a los medios de comunicación privados la obligación del silencio so pena de la quiebra, porque la Ley de Comunicación que se promulgó inmediatamente por la propia Asamblea Legislativa sometida al ejecutivo y avalada por la Corte Constitucional que domina el ejecutivo. Esta Ley qué hizo? Instauró multas de tal naturaleza y tal desproporción que prácticamente llevaron a la quiebra al Diario Hoy, al Diario la Hora que cerró, y multas cuantiosas a Diario El Universo y al Diario Extra.

Estamos obligados a replantear el tema de la democracia.

Afirmamos que la democracia es el gobierno de las mayorías ¿y realmente podemos decir que hay democracia cuando la mayoría eligió a sus gobernantes? No, señores, eso es engañarnos. Las consultas populares de Hitler lograron el 92 % de la votación alemana para leyes como la de las camas vacías que sacrificaron a 2 millones de infantes alemanes solo por su mal genético o su deformación genética.

No es cierto que la democracia se caracterice por ser el gobierno de las mayorías, por el contrario la democracia se caracteriza por tener un poder muy fuerte contra mayoritario y ese es el estado de garantía de derechos el que, actualmente, caracteriza a cualquier democracia.

A mí se me invitó para citar casos concretos, citaré en consecuencia un solo caso, el que tiene más trascendencia porque ha sido tratado internacionalmente: es el caso "Isaías".

En la crisis bancaria que hubo en el Ecuador en el año 2000, cuando hablo de crisis bancaria hablo de una decena de instituciones financieras que cayeron, se iniciaron una serie de procesos penales y civiles. En el caso Isaías en esa época se inició el proceso civil y se inició el proceso penal. En el proceso penal la fiscalía acusó exclusivamente de irregularidades financieras y de balances y en cuanto a la parte civil se solucionó el problema en el 2001 con sentencia de última instancia que declaró el pago de toda obligación por parte de los accionistas de Filanbanco.

¿Qué sucede cuando en el 2007 Correa llega al poder? Constata que el grupo Isaías era dueño de tres canales de televisión y dos radiodifusoras. Lo primero que hace, administrativamente, en julio de 2008 es confiscar los tres canales de Televisión y las dos radiodifusoras. Los confisca sin precedente judicial, sin sentencia judicial y exclusivamente por resolución administrativa. Pero observen, el 8 de julio se decidía eso en una sesión de gabinete ampliada presidida por el propio presidente Correa. Al día siguiente, 9 de julio de 2008 la Asamblea Constituyente que se desarrollaba en el Ecuador con mayoría de Alianza País decide expedir el Mandato Constituyente 13 , por el cual la resolución confiscatoria de los medios de comunicación se convertía en inimpugnable ante el Poder Judicial. A esa fecha Correa no manejaba aún el Poder Judicial. Y prohíbe concretamente a los jueces el poder conocer siquiera una impugnación a esa resolución de confiscación de los medios de comunicación. Ni siquiera el recurso constitucional y decía el Articulo 2 , que lo tienen ustedes afuera para la distribución, del Mandato 13. Decía que juez que aceptara a trámite, un recurso cualquiera que fuese , sería destituido y enjuiciado penalmente. Palabras textuales.

Pero no solo eso, sino que a la par que iba el Mandato Constituyente, el presidente Correa ordenaba a los jueces que cambien la figura jurídica por la cual se perseguía a los Isaías que era infracciones financieras y se le ponga el delito de peculado. Para lograr con el peculado dos objetivos: la imprescriptibilidad y la confiscación judicial o comiso como se llama en derecho penal el comiso judicial de los medios.

Y no solo eso, señores, sino que también con la concentración de poderes logró que se apruebe la ley nueva de extradición en el Ecuador, en el cual, sorpréndanse, se podía solicitar la extradición de un ecuatoriano con un auto de prisión provisional o preventiva y no con sentencia ejecutoriada. ¡Querían a los Isaías como símbolo de la fuerza del poder contra los ricos!

En base de esto, no obstante eso, en el 2010 la Corte Nacional de Justicia o Corte Suprema, dicta un auto definitivo por el cual absuelven a los Isaías del delito de peculado. Oh sorpresa..! Comparece personalmente el presidente Correa y logra la destitución de los tres jueces y su el enjuiciamiento penal. Se sustituyen por tres conjueces que reabren la causa que se encontraba definitivamente archivada por peculado.

Este caso digo tenía trascendencia internacional, ¿por qué? Porque el Ecuador en todo este camino y con esa reforma de ley dedicada a los Isaías, para confiscar los bienes y los medios de comunicación, pidió la extradición al gobierno de los Estados Unidos. El gobierno de los Estados

Unidos al revisar todos lo que aquí acabo de mencionar y mucho más que el tiempo no me da para darlos a conocer, ha decidido en cuatro ocasiones, el Departamento de Estado, ni siquiera ha llegado a fase judicial, cuatro ocasiones rechazaron, el pedido de extradición por ser un juicio viciado netamente por razones de orden político y no muy santas que digamos cuando se trata de confiscación de medios de comunicación. Decía un editorialista y lo dice y lo sostenemos que de los medios de comunicación con nivel nacional existentes en el Ecuador todos quedaron en manos del presidente Correa. Salvándose dos que han sido sancionados ya por la ley de comunicación y que están realmente en estado de sitio por parte del ejecutivo.

Señores esta realidad del Ecuador, que cualitativamente puede ser distinta que la de Argentina, que la de Venezuela y Bolivia si nos lleva a un denominador común, Podemos seguir pensando como me decía un funcionario de Estados Unidos, que que raro que nosotros nos quejemos del socialismo siglo XXI si llegan al poder por medio de elecciones libres, que raro, digamos que no hay democracia si están ahí por gobiernos elegidos popularmente. Yo me preguntaba: que raro que un funcionario me pregunte algo que ya pasó a la historia. Señores el gobierno de la democracia no es el gobierno de las mayorías. El gobierno de la democracia es el gobierno del triunfo de los derechos de las minorías. Es la única explicación que podemos darnos al cambio que ha habido en todo el moderno estado constitucional desde el año 1950 en adelante. Nadie puede negar esa realidad y sin embargo todavía algunos creemos que decir democracia es gobierno de mayorías. En nombre de la mayoría se gobierna con desprecio a la ley, desprecio al derecho, desprecio a los derechos, desprecio a las minorías, desprecio al que no piensa igual que el Único, desprecio a la humanidad, viva el Estado y ese es el pensamiento del Socialismo del siglo XXI.

Muchas gracias.